17天搞定GRE单词

杨 鹏 编著

浙江教育出版社·杭州

图书在版编目（CIP）数据

17天搞定GRE单词 / 杨鹏编著. -- 杭州 : 浙江教育出版社，2019.2（2019.12重印）
ISBN 978-7-5536-8135-1

Ⅰ. ①1… Ⅱ. ①杨… Ⅲ. ①GRE－词汇－自学参考资料 Ⅳ. ①H313

中国版本图书馆CIP数据核字(2018)第279556号

17天搞定GRE单词
17 TIAN GAODING GRE DANCI
杨 鹏 编著

责任编辑 罗 曼
美术编辑 韩 波
封面设计 大愚设计
责任校对 马立改
责任印务 时小娟
出版发行 浙江教育出版社
地址：杭州市天目山路40号
邮编：310013
电话：（0571）85170300 - 80928
邮箱：dywh@xdf.cn
网址：www.zjeph.com
印 刷 三河市龙大印装有限公司
开 本 787mm×1092mm 1/32
成品尺寸 110mm×185mm
印 张 4.5
字 数 85 000
版 次 2019年2月第1版
印 次 2019年12月第3次印刷
标准书号 ISBN 978-7-5536-8135-1
定 价 20.00元

目　录

前　言

一本书，仿佛是作者的一个孩子；天下的父母对自己的孩子都不仅仅是爱护，还希望他成长。所幸这本《17 天搞定 GRE 单词》自 2001 年出版以来，由最初的广受怀疑和嘲讽，慢慢地为同学们接受、认可，渐渐地成为背单词的标准用书之一；而且同学们不只使用本书的方法背 GRE、GMAT 单词，还创造性地用来背 TOEFL、四级、六级和考研单词，书中的背单词理论也被广泛地传播和应用，这一切都令笔者快慰而满足。

与笔者近乎同时出版的《GRE & GMAT 阅读难句教程》一书的中规中矩的表现不同，这本《17 天搞定 GRE 单词》从一出版到现在，都给笔者带来了众多意外。

首先是书名引起的风波。笔者本非标新立异之人，当初给这本书定名字的时候，所希望的只是通过这个题目，让读者了解这个方法的效果和时间周期，从而增强背单词的信心，而且这个背单词的进度也经过了笔者自己以及无数学员的实践验证；至于此书出版之后，一开始的质疑、打击甚至是挖苦、谩骂，后来的众说纷纭、褒贬不一，都是命名时没有料到的。2003 年，某大学的 BBS 上的一篇题为《杨鹏，神人乎，骗子乎？》的文章，甚至将笔者和发明所谓“水变油技术”的人做了类比，令笔者啼笑皆非。老子说：“信不足焉，有不信焉！”信哉斯言！

第二个意外是该书出版后的火爆程度超出预期，反响热烈，反复重印、再版，甚至有人把部分章节输入电脑制成电子版，放到网络上转载，广泛传播至今未见颓势。其实笔者之所以反对这种做法，不完全是由于知识产权的问题，而主要是因为网上摘录的都是只言片语，既没有记忆学的理论基础部分，也没有注意事项和问题解答。这必然产生断章取义的恶果，造成像上文中提到的那位抨击笔者的老兄一样，在没有完全吃透方法的前提下用错了方法，反过来再批评方法不科学。所以，借此机会，笔者向读者强烈建议：一定要看一遍原书。即使不买，借来看看也无妨。方法掌握得不准确，定会浪费大量时间，影响学习效率！

更令人意外的是，本书的命名思路后来被广泛借鉴，以至于现在市面上到处都是“×× 天攻克 ××”的英语学习方法的书。其实背单词易于速成，而阅读、写作、听力等能力的提高则远非一日之功；即使在某个学习阶段可以迅速提高，也要以较长时间的积累为基础。所以笔者以为，起此类书名还是慎重为妙。

最后的一个意外是最近恰逢本书再版，新东方大愚的编辑们再三催促笔者对本书做出修订。笔者本来是不得已才在繁忙中挤出点滴的时间，不料重读之下，数年来，新东方讲台上种种细碎的往事又逐渐从记忆的尘烟中清晰地还原出来。百感交集的心情实非言语可表。五年弹指一挥间，千万名学员的音容在我记忆之中依然鲜活；这么多年的种种快乐和悲伤，也一并涌上心头。虽然我已经逐渐淡出课堂，但我对学员们的感情没有些许的淡化，反而像陈年的老酒，日益醇厚。借此机会，我要感谢同学们多年来对我的信任和支持，我更要感谢你们对我的教育和培养：你们的存在，赋予我的生命价值；你们的成长，给了我人生的信念和希望。我还要感谢命运，给我机会成为一名新东方教师，使我渺小的生命得到了无限的意义。

对于本书的使用，请同学们一定要注意以下至关重要的三点：

第一，对于背单词的进度，请同学们千万不可执着！在笔者的学生中，真正能够在17天内不折不扣地背下GRE单词的学生不超过30%，其他学生会把背单词的周期不同程度地延长。其实无论是17天也好，25天也好，甚至一个半月也好，只要能够基本熟悉了GRE单词，都是巨大的成功。由于个体差异，每个人的基础不同、记忆力不同、时间空闲不同、精力不同、恒心和毅力不同，所以对于所有背GRE单词的学生，一刀切地都要求在17天里背下全部单词是不合适的。更何况本书最初是按照1999版红宝书（《GRE词汇精选》）来设计的，当时每个词表（List）只有120个单词；而2003版、2005版、2008版、2011版红宝书每个词表已经分别增加到了150个左右。所以如果没有较强的词汇基础，仍然按照17天的时间来背，是极为困难的。**如果以前未曾粗略地背过一遍，建议使用21天的周期来背2011版红宝书比较恰当、稳妥。**笔者在书中设计了17天、21天这两种不同进度的时间表，还附加了一份空白的时间表，是希望同学们不要急功近利，可按照自身的实力选择书中适合自己的一款；尤其需要注意的是，如果不能按时完成，万万不可在沮丧之时轻言放弃，应当立即利用书中的空白时间表修改背词计划，适当放宽时间要求。尽管笔者的方法听上去是一个相对速成的方法，但是这个方法在实施过程中的关键，却是要注意记忆的扎实，一定要在完成前面单词的复习计划之后才可以背新的单词。子曰：“无欲速，无见小利。欲速，则不达；见小利，则大事不成。”希望读者能够把握好快与稳的分寸，不可一味贪图速度；尤其是基础薄弱的同学，更要量力而行。

第二，本书所讨论的“背单词”仅限于掌握每个单词的基本含义，至于这些单词的用法和深层含义则必须通过大量的阅读和真题的训练，才能真正全面地了解，千万不能指望单靠背单词书就能够解决所有问题。而背单词和做真题的关系，按照笔者在课堂上喜欢讲的一个说法，叫作“摸着石头过河”。满眼生词时，我们自然无法做题；但是我们也不能指望着把单词全部背到滚瓜烂熟的地步才去做题。正确的方法是在把单词按照书中的方法背到六七成熟的时候就开始做题，通过做题来进一步掌握这些单词。（详见第三章问题五。）

第三，17 天指的是把所有新单词背完的时间，其中的绝大多数单词的复习周期尚未完成，在 17 天之后还必须按照书中规定的复习周期不停地复习下去；所谓“17 天搞定”的意思是前 17 天占 80% 以上的任务量，后面复习的强度大大降低，而从第一天开始背单词到全部单词复习完毕，周期大概是 45 天。而且这个周期结束后，对 GRE 单词的复习仍然不能停止，每天还是要拿出半个小时的时间复习 300~500 个单词，否则还会遗忘。正如“生命不息，奋斗不止”，对于背单词，不到考试的那一天，一直不能停止复习。也许坚持不懈的恒心和毅力，本身就是世间超越一切方法的最有效的方法！

本书第一次出版是在 2001 年 12 月，当时盛行的是 1999 版和 2000 版红宝书，不但距今年代久远，而且单词量也大相径庭（1999 版为 6300 词，2000 版接近 9000 词）；其后 GRE 考试又屡次改型，至今 GRE 考试对单词的要求已经大有变化。好在本书针对的并非单词本身，而是背单词的规律，所以一直都不过时。本次修订，针对最新的 2011 版红宝书重新设计了记忆时间表，并增加了对网友在本书实际使用中的许多心得的整理及点评，希望对 GRE 考生略有所帮助，笔者将不胜欢欣！

衷心祝愿所有的 GRE 考生学习顺利，考试成功！

衷心希望所有有梦的青年都能够实现自己的梦想，踏上幸福的彼岸！

杨鹏

2001 年初版前言

任何一个有志于去北美深造的中国考生都必须顺利地通过 GRE、GMAT、TOEFL 等北美大学规定的必要的出国考试，而在他们漫长的出国之路的起点却无一例外地横着一片荆棘之地：单词！数以万计的，一望无际的单词！！生僻难懂的，语义抽象的单词！！！尤其是 GRE 考生，其面临的背单词的任务可谓艰苦卓绝，令不少考生望而却步，半途而废，更令无数考生进退维谷，一筹莫展。背单词，成了很多考生挥之不去的一场噩梦。

笔者也曾是 GRE 考生中的一员，深深地明白背单词过程中的酸甜苦辣。特别是由于当初笔者下决心准备这些出国考试时毕业已久，不得不从大学四、六级单词开始重新来过，经历了很漫长的背单词历程，所以对其中的滋味可以说是刻骨铭心。也正是因为这个原因，笔者在担任新东方 GRE 和 GMAT 阅读教师期间，每教一个班的学员，必授之以背单词之法，目的是帮助同学们把背单词的痛苦减至最小，树立背单词的信心，提高学习效率，缩短复习时间，以尽到一个新东方老师的责任，不愧对脚下那一方神圣的新东方讲台。

然而很多人、很多事情不断地提醒着笔者，仅仅在自己的课堂上传授这些方法是远远不够的：很多没有机会上笔者的阅读课而又求知若渴的同学在网上不断地向上过课的同学们询问笔者的方法，还有很多人通过 E-mail、信件甚至是长途电话来询问笔者，使笔者下决心要在自己一本专论 GRE 和 GMAT 阅读方法的书中将背词法包括进去。可是即使是这样也不能满足分秒必争的同学们，大家批评笔者说，等笔者那本务求完美的书出版，为时已晚，恐怕到时候自己都已经到了美国开始读书了，“这是人民群众所不能答应的！”再加上笔者在《 GRE & GMAT 阅读难句教程 》一书中透露过自己当初曾以 17 天基本搞定了 GRE 单词，更是掀起了“轩然大波”，笔者经不住考生们邮件的“狂轰滥炸”，因此不得不把此背词法单独成册，以早飨读者。

对于每一个单词的具体背法不是本书的重心所在，因为一来市面上介绍各种具体的单词记忆法的书籍种类繁多，二来这些方法并不能从根本上解决如何在短时间内记牢大量单词的问题，因此本书仅仅会简单地提一提这些具体方法。本书讨论的核心问题是如何从记忆学的规律出发，以适当的记忆标准，用科学合理的记忆周期和严密的统筹安排来制定一个背单词的时间表，之后以坚定的决心和顽强的毅力来完成这个计划，获得阶段性的成功，拿到开启考试胜利之门的一把“金钥匙”，树立最终攻克该考试的强大信心。从这个角度而言，本书适合一切苦于难以在较短的周期内背下大量单词的英语学习者。因为不论是 GRE、GMAT、TOEFL、LSAT 抑或是考研英语、大学四、六级考试，考试的名目虽有不同，但是人类的记忆规律却不会改变，对这些不同考试中单词的记忆方法来说，道理也必然是一样。

由于笔者自己当初在学习 GRE 时，曾在 17 天内把 6000 余个 GRE 单词（《1999 版 GRE 词汇精选》）基本背熟，并在教学过程中指导了很多同学迅速解决了词汇问题，因此相信笔者的这种背词法适用于绝大多数学生提高单词能力。不过，笔者在此需要严肃声明以下两点：

第一，任何一种方法都不可能适用于所有人。虽然笔者坚信本方法符合人类记忆规律，总结了多人的宝贵经验，而且经受住了笔者教学实践中的千万名学生的验证，应该适用于绝大多数的考生；然而是否最终对具体的每一个人有效，还要请读者按照自己的实际情况来判断。更直白地说，本方法只适合那些决心大、肯吃苦、并且能够拿出 17 天的时间每天花 4~8 个小时来专门背单词的人。因为既然这是一种速成的方法，就必然要求使用者付出艰苦的努力；对于那些连坐下来老老实实看书都做不到的同学，世界上其实也没有什么适合于他们的方法。

第二，本方法不能说是笔者自己的发明，而是综合了许多前辈的发现和记忆学上的规律，再结合了笔者自己背单词的心得而来。笔者当初的师友的启发，笔者读过的一些记忆学方面的书籍，周围的成功和失败的例子，自己所走过的弯路，无一不是此法诞生的基础。笔者所做的工作，就是把这些宝贵的知识和经验加以综合提炼、去伪存真，最终发展出了一套比较系统的方法。

希望这本书能够帮助广大的中国考生建立起背单词的信

心，唤起大家对于最终攻克这些出国考试的希望。笔者深深地理解，我们的考生在复习备考中的那种痛苦、无助的感觉，犹如蹒跚于漆黑夜路中的行者，多么希望有任何形式的帮助，能够给自己以一点点希望！亲爱的读者们，我知道。因为我也曾是你们中的一员。我的战友们，我愿意用本书为你们点上一盏灯。它可能算不上明亮，但是如果它能够让你们在艰苦的跋涉中暂时地找到方向，笔者就甚为满足了。

杨鹏

2001.11

第一章 背词法的理论基础

关于背单词的重要性，相信用不着笔者多费笔墨。准确并且熟练地掌握英语单词，是通过任何一种英语考试的前提条件。词汇能力是阅读能力的基础，而词汇能力和阅读能力又是 GRE、GMAT 和 TOEFL 考试乃至任何一种英语考试中两大关键性的基础，最终决定了考试的成败。然而，众所周知，GRE 和 GMAT 等出国考试的单词难度极大、数量众多，而考生们的复习时间又有限，如何能在相对较短的时间内打下牢固的词汇基础，就成了令大多数人头痛的一个问题。更令人惋惜的是，很多同学就是在背单词这一关败下阵来，最终导致了考试的失败。

其实绝大多数人在背单词这个环节上之所以会失败，是与他们没有掌握科学的记忆规律造成记忆效率过于低下密不可分的。因此，在介绍具体的背词法之前，我们一定要解决几个重要的、原则性的记忆理论问题。不解决这些观念上的问题，背单词效率就上不去。背单词究竟是事倍功半还是事半功倍，全在于背词者对于背单词本质的理解是否深刻，以及对人类的记忆规律了解得是否深入；而这种理解的深浅又会影响读者对本书所讲述的背词法实施得是否坚决，因此这些理论实在是不得不说。而且，聪明的考生如果能够灵活地把这些记忆理论应用于日常的学习和生活中，更可以终身受益。

一、动机与信心原则

很多同学一见厚厚的 GRE 红宝书，当时就泄了气。这其实与我们从小学习外语的方法有关。大多数同学在上大学以前，至少学习了六年的外语，有些同学更是从幼儿园就开始背单词，却只背下了不到两千个单词，他们不敢想象现在自己能够在短短的一两个月内背下这六七千个词形复杂、词义怪异的高级英语词汇，更不要说在考场上对其做出迅速反应和准确理解。因此，手捧宝书，心中沮丧，也算事出有因。不过，尽管同学们的心情可以理解，但是这种畏难情绪却是绝对要不得的。

笔者曾经在课堂上做过调查，很多感觉背单词很困难的同学都对自己的记忆力没有信心。尤其是那些已经毕业且工作了几年的同学，更是感觉记忆力不如从前，背单词时大有力不从心之感。其实笔者当初背单词时也有这种感觉，只不过笔者当时于困境之中，不退反进，咬紧牙关，横下一条心，一定要在 17 天内背下红宝书，后来果然如愿以偿，被四周少男少女惊为天人。而实际上，笔者记忆力之差从小就很有名，证据之一就是笔者初中及高中的历史和地理考试鲜有高分，而不及格的时候也偶尔会有。但是当时 GRE 考试当前，如果单词背不下来，一切伟大的理想都是空谈，所以在逆水行舟的情况下，我破釜沉舟，与自己的弱点做抗争。

请本书的读者记住，在背单词的过程中，坚定不移地相信自己的态度是最重要的。只有相信自己能够记住，你才能

记住。这听上去有一点唯心，但却是事实。司汤达的小说《红与黑》中，女主人公朱莉安受人之托传送一封长信，为了防止途中出意外，她将全文默记在心。托信的人问她："你真能完全记住？"她答道："只要我不怕忘记，就记得住。"如果有人认为小说中的例子不足为凭，那我问你一些生活中的例子：认为自己的记忆力不好的同学，你能否记住自家的电话号码？你能记住回家的路吗？一定能。原因很简单：因为你别无选择，你必须记住。

我们人类记忆力的一个重要的特点是：凡是那些必须记住的东西，几乎就一定能够记住。而每个人的潜力，都远远超出自己的想象。笔者的《GRE & GMAT 阅读难句教程》（以下简称为《难句》）一书一经出版，就在新东方的网站上引发了一场争论，因为笔者在《难句》一书的前言中谈及自己用 17 天将红宝书基本背熟，而很多同学花了 60 天才背完第一遍，回头一看前面背过的单词，忘得已经差不多了，于是便怀疑这种说法的真实性。争论者们有的认为笔者是天才，有的认为笔者是骗子，也引出了一大批与笔者一样在短时间内背下 GRE 词汇的朋友。有人用了 20 天，有人用了 15 天，甚至有人只用了 10 天！其实每个人的机械记忆能力是有差异的，因为在笔者的课堂上，有同学用笔者讲述的背词法背单词所花的时间更短，GMAT 班的一位同学用了 10 天就背下了红宝书；还有广州的一位女同学只用了一周时间；更有笔者当初的考友 Welkin Zephyr 一面上班，一面用晚上的一点时间背下了《GRE 逆序小辞典》，堪称天才。但是对 GRE 词汇的记忆并非完全是机械记忆，而是介于机械记忆与有意义记忆之间，因此每个考生都完全可以借助一定的方法在一个相对较短的时间内将其背熟。

还有一个比较重要的问题，也是准备用笔者的这种方法来背单词的读者首先必须要明白一个道理——长痛不如短痛，与其花上半年的时间在背了忘、忘了背之间做大量无效劳动，还不如痛下决心，下半个月到一个月的苦功，把这些对 GRE 学习至关重要的单词彻底搞定，以在某种意义上达到一劳永逸的目的。对于 GMAT 考生来讲，所花时间更短，用笔者的方法在一周之内就可以把 GMAT 词汇搞定。而在 GRE 或 GMAT 考试学习的初期就迅速解决词汇问题，对于整个学习过程的战略性影响又是十分巨大的。因为在这两种考试的长跑中最先败下来的那些考生，无一不是被这些古怪繁难的单词折磨得死去活来、欲罢不能的，拖得没了脾气、失去了信心，而最后不得不放弃。

不过，想要速成，就要付出代价。这个代价就是要吃苦。笔者经常在新东方的 BBS 上看到有些 GRE 考生惨叫："这么多GRE 单词，我怎么背啊！怎么背啊！！怎么背啊！！！"笔者也看到了一个极其精彩的回答："不管你怎么背，都要背啊！一定要背啊！！不背不行啊！！！"这个回答，很能引起笔者的共鸣。GRE 和 GMAT 的学习本来就是一个坚持奋斗直至成功的过程，而背单词更是要不断与自己的遗忘、惰性、毅力乃至体力顽强斗争的过程，没有一点精神是万万不行的。相信本书的读者只要以磅礴的信念、永不放弃的决心、务实的态度，再配合以科学的方法和周密的统筹规划，就一定可以迅速解决 GRE 和 GMAT 考试的单词问题，达到或超过笔者当初背单词时的效果！

二、时间分配原则

很多同学背单词慢，最主要的一个原因就在于其记忆每个单词的速度比较慢。他每背一个单词的时候，都花了大量的时间反复记忆和诵读，而这样做的效果其实并不好。请大家用多年的背单词的经验来回答笔者提出的两个问题：

问题一：如果花上半个小时来背一个单词，只背一次，过半年的时间再回头看这个单词，你一定还能记住这个单词吗？

问题二：如果每次花半分钟来背一个单词，而半年中背上 60 次，你是不是一定能记住它？

相信所有的人的答案都应该是相同的，对第一个问题，答案都会是“不一定”；而对第二个问题，答案都是“一定能”。其实用第二种方法来背单词，不但半年后能记住，一两年后，甚至一生中都有可能记住。

这就是笔者要讲的第二个原则：**不要一次对一个单词花上太多的时间，而要把时间花在重复上。**尽管这个原则看似简单，可是绝大多数人并不真正理解。据笔者观察，绝大多数同学在背单词的时候，都是把词汇书一遍从头背到尾，对于其中的每一个单词都花上很长的时间来记忆，背一遍要花上一两个月的时间，回头一看，前面的单词已经基本忘却；然后再从头背到尾，结果前面的单词又忘得差不多了。这种背词法效率十分低下，是一种典型的错误记忆法。这种方法的形成主要有以下几个原因：

第一，背词者急于求成的心理。很多同学在这两种考试中，有生以来第一次被要求一次背下如此多的单词，心中急躁，希望一下子把这些GRE或者GMAT单词全部“啃”下来，于是顾不上复习，一遍就从头背到尾。这种迫切的心情虽可理解，但它也产生了一个“熊瞎子掰苞米”的恶果：只顾进度，顾不了记忆的质量。而记得不牢，反过来又影响了背单词的进度，因为如果记不住，背得再快也没用。

第二，学习者的思维惰性和缺乏计划性。大多数人在开始背单词以前，并没有认真地思考怎样背单词、以什么样的进度来背单词，在思维上偷了懒，导致其记忆效率的低下。

第三，学习者多年养成的背单词习惯和市面上的流行说法的错误引导。我们从小背英语单词都是把一个单词表从头背到尾，复习的时候又是从头背到尾。这种背词法虽不能说对所有的词汇学习都不管用，但是起码它对于出国考试的单词记忆一定是不适用的。因为出国考试的单词数量极大，从头背到尾动辄就需要个把月，而等到背完一遍，前面背过的单词自然而然地就被忘掉了，只有再花时间重新背过，这样一来又要花很多时间，其结果却还是忘却。这种背词法的致命缺陷在于：背词者在记忆的全过程中没有找到一些恰到好处的时间点来做及时的复习和巩固，造成了大量无效的重复劳动和时间浪费。令人痛心的是，这种方法在大学校园以及网络上广泛流行，误导了很多人。尽管有很多人也会怀疑地问："我背完了一遍，当时背得很清楚，可是回过头一看，前面的全都忘了，该怎么办啊？"可是总有人回答："我当初也是这样，等你背到第四遍以后，就进入了一片新天地。"这个回答虽然也不错，但是一万年太久，只争朝夕。有没有一种 at one stroke（一举）突破词汇关的好方法呢？答案是肯定的。

正确的方法是把需要记忆的单词以天为单位分成若干单元，然后把每天用来背单词的时间也做出科学合理的分配，一方面要规定自己的背词速度，一方面按照人类的遗忘规律每天抽出一部分时间专门放在复习上。**简单地说，就是在第一次背新单词的时候不要花太多的时间，而应该把时间放在增加重复的遍数上。**

学习程度	4 小时回忆出的百分数
150%	81.9
100%	64.5
66%	65.8
33%	42.7

从记忆学的角度上来讲，对同一个单词一次性花上很多的时间来学习，超过了恰能成诵的程度，叫作过度学习。在我国心理学者的一个实验中，受试者对不同的无意义音

节字表经过不同程度的学习，以恰能成诵所需的诵读次数为100%来计算，先以各种不同的程度来背诵，4小时后测试记忆效果，结果表明：学习的程度越高，在4小时后回忆出的百分数就越大。有人用单字和笔画迷津实验也得到类似的结果。但是请读者注意，在上表中学习程度为150%时，记忆效果最好，但效率却并不是最高。而超过150%时，效果并不再有显著的增长，也就是说随着时间的延长，过度学习的效率会逐渐趋近于零。研究表明，最好的加强记忆的方法，是在一定的时间间隔之后的重复记忆。因此，请读者从现在开始树立这样一个观念：不要花太长的时间来做一次性的过度学习，而要把过度学习所浪费的时间放在及时的、反复的复习上。

三、数量与质量的关系原则

很多人背单词总是半途而废，一个重要原因是听信了一种貌似很有道理、实则错误、因此很有欺骗性的说法："背单词要循序渐进。如果一天背5个单词，一年就背下1800多个，6年就能背下10000多个单词。积少成多，一次背得太多是记不住的。"笔者从小就在这种说法的轰炸下开始了学习英语的苦难历程，结果到了大学毕业，学了10年的英语，掌握的单词也不过5000个。后来在破釜沉舟、无路可退的情况下用了17天基本背熟了红宝书，才明白自己上了一个弥天大谎的恶当，心中的苦涩难以言喻，因为这种错误的指导思想是以浪费我以及众多与我同时代的英语学习者的生命为代价的。原来我在中学背了6年的单词，其实是可以在一周之内背下来的！一天背5个单词，第二天忘了3个，第三天又忘了2个，我们的生命就在背了忘、忘了背之间消耗着。这样，当学习的周期被无限延长的时候，学习者的学习欲望和自信心都被岁月慢慢地消磨掉，直至学习者最终放弃为止。

对于任何一种英语学习来讲，单词量都是一个必要条件。能否以最快的速度迅速地扫除词汇障碍，是英语学习成败的关键。因为背单词从根本上来讲就是一件苦差，初学者要想高效率地通过这一关，必须要靠一开始时强烈的兴趣、信念和希望来支撑，而如果这个过程拖得太久，就会在学习中遇到巨大的障碍，从而产生挫折感，继而对学习本身失去兴趣。不但如此，就像笔者在前面讲过的那样，要想提高背单词的效果，一定要有很强的计划性。可是如果背单词的周期太长（比如超过了一个月），学习者的兴趣渐消、惰性滋生，就难以把这个计划实施下去。比如说，笔者到目前为止还没有见过一个能够坚持6年每天背5个单词的人。其实，一天背10个、8个GRE单词的学习者，有可能一辈子都背不下来这么多的GRE单词。

笔者推荐的背词法是：每天背300个以上的单词。有的读者一定不以为然，认为笔者在胡说八道。他们最大的疑虑在于，一天背这么多能不能记住。其实笔者前面曾说过，如果你不相信你能记住，你就一定记不住。这不是唯心主义。如果有人用枪指着你的头，告诉你必须在一天内背下来1000个单词，你能不能记住？

从感觉上来讲，人们容易有一种误解，以为记忆量一大，记忆的效果一定差。这是从我们以前背诵文章的经验中得来的印象。其实背单词时并不完全是这样：每个单词自成系统，就是那么几个字母而已，这与对文章的记忆完全不同，因为后者大量的篇幅是一个统一的整体，其中的任何细节都不允许出错，所以记忆量一大，记忆的难度就会大幅度增加，即被记忆材料的数量和质量之间有一个反比的关系。而单词表中的单词彼此间并不存在这种问题，**不管一次要背多少单词，记忆的质量都是基本相同的**。也就是说，如果一次背 10 个单词要忘掉 3 个，那么背 100 个单词不是要忘掉 93 个，而是只忘掉 30 个。反过来看，如果一次背 10 个单词能记住 7 个，那么背 100 个单词就能记住 70 个。后者背单词的速度要 10 倍于前者。而且，由于新东方的 GRE 和 GMAT 的词汇书中有大量的单词联想记忆法、词缀和词根记忆法以及词汇间的对比记忆法，所以一次背的单词越多，所接触到的单词之间有意义的联系也越多，学习者对很多单词的记忆反而会越牢固。

然而有一个问题不得不说明白，有些年龄较大的读者初用笔者的方法背单词的时候可能会感到不习惯，因为首先这些人毕业的时间已经比较长，不能够长时间集中注意力，而且也感觉自己的记忆力已经不如从前了，一次背比较多的词汇会感到比较吃力。其实前者是决心与意志力的问题，后者是训练的问题。对于第一个问题，笔者无法替读者来解决，只有靠读者以自身的强大信念去克服。第二个问题属于技术问题，较容易解决。其实记忆力是可以通过训练来提高的，而训练方法也极简单，就是背单词本身。笔者在长期教学实践中发现，几乎所有的同学在坚持一段时间每天大量地背单词之后，记忆单词的能力都有不同程度的提高，这一点当年笔者背 GRE 单词时也深有体会。国外的研究者也发现，记忆力越经常使用就越好。实验发现，驾龄越长的出租车司机对陌生道路的记忆能力越强，而驾龄越短的司机记忆力越差。经研究，开车年头越久的司机，其大脑中负责记忆路线的区域就越发达。再比如英国前教育大臣布伦克特作为一个盲人，居然能够胜任公务繁忙而复杂的高位，全凭自己超人的记忆力：他能记住数年前去过的房间的陈设和通往那里的道路，并能够记住所有经手过的文件的细节内容。而当人们问他是如何记得那么清楚时，他一语道破天机：**“记忆力就像是身上的肌肉一样，要不断锻炼才行。”**

希望本书的读者们今后不要再怀疑自己到底能不能一天背下来 300 多个单词，而是努力去做到每天背下这么多单词。对于那些其心以为不然者，再有效的方法也只是摆设。

四、复习原则

复习是本方法的最根本之处。孔子曰：“学而时习之，不亦说乎？”这个圣人的重要教诲，总是被我们这些不肖子孙所忽视。**本背词法的秘诀不在于什么时候背单词，而在于什么时候复习单词和复习哪些单词。**

先介绍一些关于记忆的理论知识。了解这些知识不仅对读者们背单词有好处，而且对大家整个的 GRE 和 GMAT 学习过程大有裨益。目前人类对于记忆的过程仍知之甚少，但是对于遗忘的过程研究得比较透彻。对于识记过的事物不能回忆，称为遗忘；不能回忆的有时还可能认知，而既不能回忆又不能认知的，一般称为完全遗忘。德国著名的心理学家艾宾浩斯首先对遗忘现象做了系统的研究。他把实验室实验方法引入对学习、记忆和遗忘的研究，详尽地研究了学习、记忆与学习材料的性质、组织、数量等条件的关系，以及学习巩固程度、学习后时间间隔对记忆和遗忘的影响等问题。为了使学习和记忆尽量少地受旧有的和日常工作经验的影响，他采用无意义音节作为学习、记忆的材料。他以自己做受试者，把识记材料学到恰能成诵，过了一定时间间隔，再重新学习，以重学时节约的诵读时间或次数作为记忆的指标。他一般以 10~36 个音节作为一个字表，在七八年间先后学了几千个字表。他的研究成果《 记忆 》于 1885 年发表。下表所载是他的实验结果中的一例。

不同时间间隔后的记忆成绩（艾宾浩斯）

时间间隔	20 分钟	1 小时	8 小时	1 日	2 日	6 日	31 日
记忆保持百分数	58.2	44.2	35.8	33.7	27.8	25.4	21.1

艾宾浩斯又利用表内材料画成了一条曲线，这就是著名的艾宾浩斯遗忘曲线，这条曲线表明了遗忘发展的一般规律:

在识记后短期内遗忘较多，在过了较长的时间间隔后，记忆保持的分量较少了，遗忘的发展也减慢了。这与尤斯特所发现的规律是一致的，即新近形成的记忆比历时较久的记忆容易遗忘。

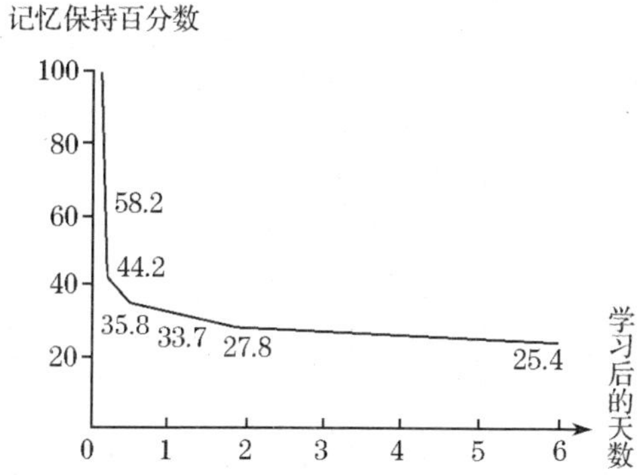

艾宾浩斯遗忘曲线

在艾宾浩斯以后，许多人做过类似的实验，也都大体上证实了艾宾浩斯的研究成果。后来的研究证明，识记后遗忘的发展（即遗忘曲线的形式和一定时间间隔内遗忘的数量）主要受到四个因素的制约。

第一，是记忆材料的性质。学习者对于不重要的、没有意义的、不感兴趣的材料（如艾宾浩斯用来做实验的无意义的音节）的遗忘速度最快，而对于重要的、有意义的、感兴趣的材料则遗忘得最慢。如下图，我们可以明显地看出对于无意义音节的遗忘速度要比散文和诗歌快得多。毫无疑问，

GRE、GMAT 和 TOEFL 词汇对于考生而言应该属于后者。这给了我们两个启示：（一）GRE、GMAT 和 TOEFL 单词不是那么难背；（二）在背单词时，**背词者一定要尽量挖掘所记忆单词的意义，这样就使得这些单词更难被忘却。**

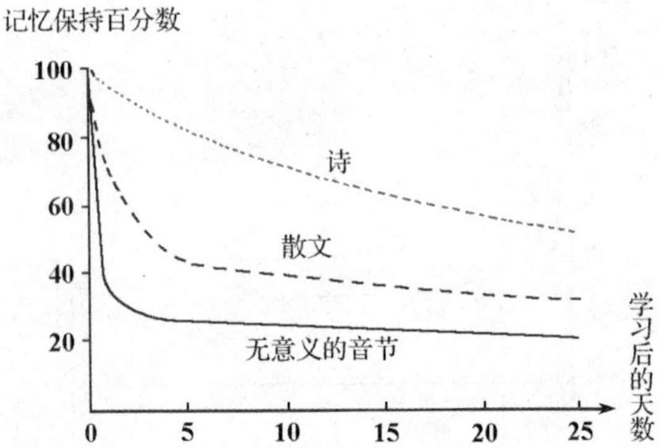

记忆保持百分数

第二，是对这些材料的熟悉程度。研究表明，对于熟悉的材料的遗忘速度要比不熟悉的材料的遗忘速度慢得多。这也就意味着，我们可以通过增加复习的遍数来减少遗忘。**复习的遍数越多的时候，对单词就越熟悉，遗忘曲线的坡度就越小，对单词的记忆时间也就越长。**

第三，学习方法对于遗忘的进程也有影响。许多实验结果都表明：**用分配复习的方法识记诗文、无意义音节、乐谱等，比用集中复习的方法识记这些材料遗忘得慢。**这与尤斯特所总结的规律是一致的：与集中复习相比，分配复习占用较长的时间间隔，因此在分配复习中形成的记忆要比集中复习中所形成的记忆历时较久，也就可能在经过同样长的时间后较难以损失。这在根本上确定了笔者的背词法的科学性，同时也说明了那种每一遍都把单词从头背到尾的集中复习的方法的缺陷。

第四，检查记忆的指标。在我国心理学者进行的一个实验中，用回忆、预期回忆、重学、重组材料、再认等五种标准测量受试者识记无意义音节后的记忆成绩，结果发现，以“再认”为标准的遗忘最少，以“回忆”为标准的遗忘最多。所幸的是，**GRE 和 GMAT 考试中对单词的测试标准全都是再认：在考试中，只要考生看到一个英文单词时能够认出它的意思即可，而其发音、拼写全都不必顾及，只要不与其他单词搞混即可**。也就是说，我们有些同学以从小养成的那种同时记住一个单词的每个字母和准确发音的习惯来记忆 GRE、GMAT 单词是完全没有必要的，这只能加重自己背单词的负担，降低自己背单词的效率。实际上，如果学习者通过不断地复习单词和做题来对这些单词达到一定的熟练程度，就能够自然而然地记住其拼写和发音。

笔者的背词法的精髓，就是结合上述理论，通过及时的复习来改造艾宾浩斯遗忘曲线。

遗忘曲线对于我们背单词的实际应用，在于寻找合适的复习点。首先，单词刚刚背完的时候遗忘的速度最快，这意味着越是新背的单词，对它的复习密度就应该越大；而且由艾宾浩斯的实验中得出的省时率（即重新记忆时所节省的时间的百分比，它实际上与前面提到的记忆保持率是同一概念：因为记忆保持率越高,就意味着重新记忆时节省的时间越多。）也可以看出，刚背完时复习的效率最高。第二，单词越熟，遗忘得就越慢。随着复习遍数的增加，遗忘曲线的下降坡度就越小、越接近水平。这也就意味着对于已经复习过几遍的单词，即使延长其复习周期，对单词的掌握也仍然可以保持一个比较高的程度，同时所需要的复习时间也越来越少。下图是一个经过反复的复习后被改造了的遗忘曲线：

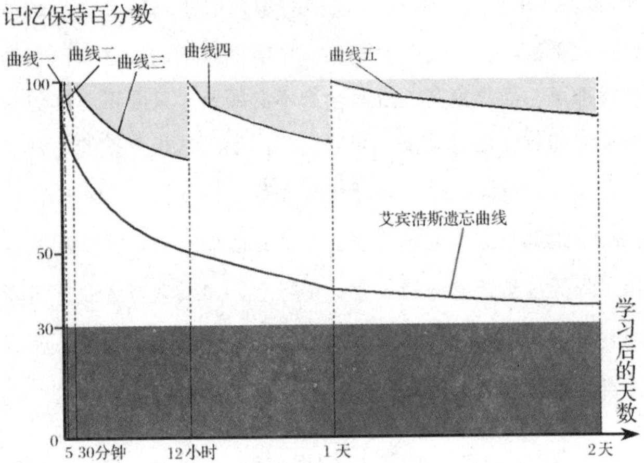

改造后的遗忘曲线

横坐标上的 5 个时间点是 5 个复习的周期：通过间隔 5 分钟、30 分钟、12 个小时、1 天、2 天等 5 个周期的复习，使得学习者对单词的遗忘速度减缓、曲线变平直（请观察曲线一至曲线五的变化），使得对单词的短期记忆变成长期记忆。同时，背词者对于单词的掌握程度越来越高，一直处于纵坐标的顶部（即浅色阴影部分）。经常有使用过这种背词法的同学跟我说，这种方法虽然辛苦，但是使用过程中感觉一直特别好，因为每次复习的时候都能保持 70% 以上的单词记忆率，复习所需要的时间也越来越短。相比之下，没有经过及时复习的原始的艾宾浩斯遗忘曲线使背单词变成了一种痛苦，因为背完一遍之后回头一看，只有不到 30% 的记忆率，就更谈不上节约时间了。这就是笔者前面提到的背 GRE 和 GMAT 单词时从头背到尾的方法的巨大缺陷：背词者对单词的掌握永远处于纵坐标的底部（图中深色阴影部分）。事实上，如果某人把 GRE 词汇第一遍从头背到尾需要 60 天，并且中间不复习，那么事实上，他对 90% 以上的单词的掌握程度可能还达不到图中深色阴影的程度。

笔者有一个不太恰当的比喻：记忆就像以前的留声机使用的密纹唱片，而我们则需要将记录的东西刻成唱片上的沟槽。我们的记录介质是海滩上的沙子，时间就像是海水，不断冲刷这些沟槽，使之越来越模糊，我们要做的事情是用一种叫作“重复”的水泥将其固化，一遍一遍地将这些记号修复，并在沙滩上把它们塑造得越来越清晰、牢固，直到最后修成巩固的堤防为止。我们所需要的，只不过是恒心与技术而已。

五、复习点的确定

人的记忆周期分为短期记忆和长期记忆两种。

第一个记忆周期是5分钟，也叫作超短期记忆。这个周期在我们的英语学习中经常会起作用，比如TOEFL听力中的Passages，听文章的时候即使不做任何笔记，在回答问题时所听的内容仍然有清晰的记忆，其原因就在于从听文章到做完题的全过程是被控制在5分钟之内的。在这个周期内，记忆者对于被记忆材料的印象最为清晰，其后印象渐渐变得模糊。比如在TOEFL考试结束之后，很少有人还能够回忆起听力文章的具体内容来。

第二个记忆周期是30分钟，属于短期记忆。这个周期在考试中也屡屡有所体现：比如GRE考生在30分钟内做完一个笔考的Verbal Section以后，如果感觉前面的一道填空题有问题，想要回头检查，他不用回头把这道题全部重读一遍，而只要扫一眼就能想起它的具体内容。

第三个记忆周期是12个小时。在初次记忆之后的半天之内，在背词者的身上必然会发生很多事件，这些事件对背词者的大脑中已有的记忆必然会产生一定的影响，这在记忆学上叫作倒摄抑制（也有人叫作后摄干扰）。关于倒摄抑制的详细机理，限于篇幅笔者不作详述。简而言之，倒摄抑制就是后识记的材料对先识记的材料产生的负面干扰。与倒摄抑制相对应的是前摄抑制，即先识记的材料对后来的记忆的负面影响。举个例子：读文章的人，大都对一篇文章的首末两段印象深刻，原因是首段不存在前摄抑制，而末段不存在后摄抑制。在此笔者粗略地介绍一下这两个概念，本书中有几处将会用到它们。

这三个记忆周期都属于短期记忆的范畴。长期记忆周期的界定相对较为困难，研究者们利用试验结果确定了以下几个比较重要的周期：

第四个记忆周期：1 天；

第五个记忆周期：2 天；

第六个记忆周期：4 天；

第七个记忆周期：7 天；

第八个记忆周期：15 天。

以上的 8 个记忆周期，作为一个大的背词循环的 8 个复习点被应用于笔者的背词法当中，能够最大限度地提高背单词的效率、延长单词的记忆时间。再结合笔者上述的其他记忆理论，我们设计了一套比较高效的背词法，其效果在本书过去 5 年来数万名读者的实践当中，已得到了很好的证明。

第二章 背词法

子曰："凡事预则立，不预则废。"意思是凡事如果不做好计划，就必将失败。老祖宗的话今天已经成了工商管理界的金科玉律。能否成功使用笔者的背词法的关键，就在于能否制定出周密合理的计划，并且坚决地执行下去。

一、17 天背词法

笔者现在以最经典的红宝书（1999 年版的《GRE 词汇精选》）为例，系统地讲解一下背单词的全过程。

1999 版红宝书共有 51 个 List，每个 List 在 12~13 页之间。平均每个 List 有 121 个单词，每页有 10 个单词。这本书之所以长期被中国的考生尊称为"宝书"，是因为其无可争议的准确性、科学性以及实用性：其中的每一个单词都经受了多年的实战考验，不仅在历年的 GRE 考试中复考率极高，而且囊括了高级英语中出现频率最高的英语词汇，翻开 *Times*、*News Week*、*Readers' Digest* 等杂志，放眼望去，尽是红宝书里的单词。用美国人自己的话来说："Most of the GRE words are in the vocabularies of well-educated Americans, including professionals such as scientists, lawyers, professors, doctors, and editors."更为可贵的是，红宝书为其中的每一个单词都提供了实用、高效的记忆方法：词缀词根记忆法、分割联想记忆法、寻根探源记忆法、比较记忆法、单词举例记忆法。这些记忆方法大大降低了背单词的难度，增加了背单词的乐趣，提高了背单词的效率。1998 年之后的版本中又增加了原汁原味的英文释义，书的质量更上层楼，也大大方便了读者。客观地讲，红宝书多年来支持、鼓励、陪伴了一代又一代的中国考生，居功至伟，至今国内任何其他的词汇书无出其右。后来随着考试的不断更新换代，又陆续推出了 2000 版、2002 版、2003 版、2005 版、2008 版和 2011 版红宝书。本书为此次修订增加了针对最新的 2011 版红宝书的记忆方法和具体的时间表。

请本书的读者在第一遍背单词的时候，为自己定下的记忆标准一定不要太高。过高的标准只能增加学习者的记忆负担，降低其学习效率，挫伤其信心，有百害而无一利。有些同学喜欢第一遍背词的时候就把拼写、音标、英文释义全都背下来，如此一来背一个单词需要好几分钟，背单词的效率自然很低。对于 GRE 和 GMAT 考生而言，单词的拼写和发音根本没有必要完全记住，有一个模糊的印象即可。因为这两种考试对单词的考查标准只是再认而已，除了个别的形近词（如 ascent/accent/assent）之外，背词者根本不必去研究其准确的拼写和发音，而应该把自己的记忆标准定位于再认（识别）。至于英文释义，笔者认为不一定要看。在一个大的背词周期（约一个月左右）结束之前，除非是对这个单词的中文释义不理解，否则不适合去深入研究其英文释文。原因很简单，因为学习者此时的词汇量还不够，对于大多数英文释义都存在着理解上的障碍，因此，笔者建议在第四遍之后的复习时再来看英文释义。

初记单词时需要记忆的内容是：**第一，**单词的外观特征，达到能够识别此单词即可。比如单词的长短、起始字母、特征（如中间有两个元音 ee）等。这就犹如我们认人，我们只要大致知道一个人的性别、高矮、胖瘦、老幼、服装，就能够知道是张三还是李四。而他到底身高是一米八三还是八四、体重是一百五十斤还是一百六十斤就根本不需要知道。实际上，我们人类的识别系统极其发达，有时我们即使无法说清一个人的特征数据，但是对于熟悉的人，还是一看到就能够辨认出来。对于单词也是如此，**只要看到时能认识它，就达到了背单词的目的。**而且随着日后对单词的不断重复，我们对单词的记忆也逐渐加深，到那时自然就会在不经意间记住它的拼写和发音。**第二，**单词的中文释义。对中文释义的记忆应该尽量准确，但是不必一字不差，意思准确即可。**第三，**单词的记忆法。这是红宝书中非常有价值的一部分，可以大幅提高学习者的记忆效率。尤其是词缀、词根记忆法和比较记忆法，能够帮助学习者迅速扩大单词量，起到让记忆者触类旁通、举一反三的作用，所以这部分是一定要看的。

我们将 10 个单词分为 1 个记忆单元（1 组，在 1999 版红宝书上就是 1 页）。根据笔者的亲身实践并结合同学们背单词的实际情况来测算，第一遍背 1 组（10 个）红宝书单词需要 5 分钟。这时第一个记忆周期已到，请读者在背下一组之前，立即返回至第一个单词，把这 10 个单词迅速复习一遍。因为此时对单词的记忆程度在 90% 以上，所以只需要 30 秒，但是对于记忆这些单词所起的作用是极大的。第二组 10 个单词也如法炮制。用这种方法背过 60 个单词以后，第二个记忆周期（30 分钟）已到，立即从第一页开始复习。由于这些单词刚刚背过两遍，所以这一遍复习也只需要两三分钟。然后用同样的方法背 7~12 组。背诵 1999 版红宝书中一个完整的 List 大概需要一个小时。

现以“红宝书”(1999 版) 的第一个 List 为例，说明记忆每一个词表的步骤：（见下页图）

用以上方法背过的单词一定会记得很牢。因为这种方法不但利用及时的复习改造了遗忘曲线、延缓了遗忘速度，而且基本上克服了前摄抑制和后摄抑制的影响。相当于将每个 List 分成了 12 个小单元，每个小单元自成一个复习系统；每 6 个小单元组成一个大单元，两个大单元各自成为一个复习系统。这种复习方式在很大程度上避免了先后输入的信息之间的相互干扰。同时，这种在一个短时间内反复复习的方法，也达到了对所记忆的单词进行过度学习的效果，有助于把对这些单词的记忆成功延续到下一个复习周期。

本背词法的标准速度是一天花 3 个小时背下 3 个新的 List（360 个单词）。笔者建议本书的读者选择上午特别是早晨的时间来背新单词，因为此时我们的记忆节律处于最高峰，背单词的记忆力最好，而且也不存在日常琐事的前摄抑制。

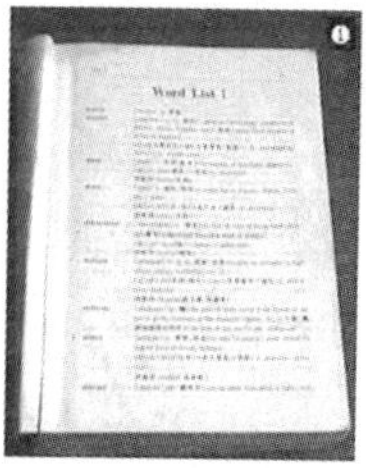

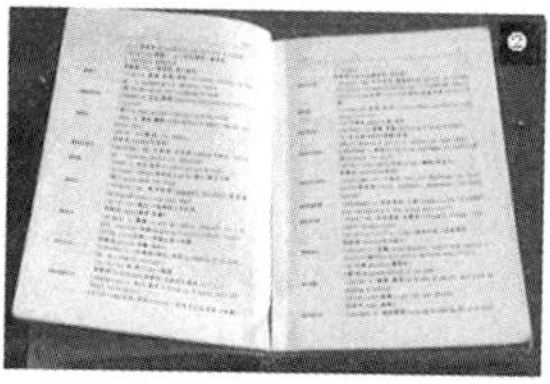

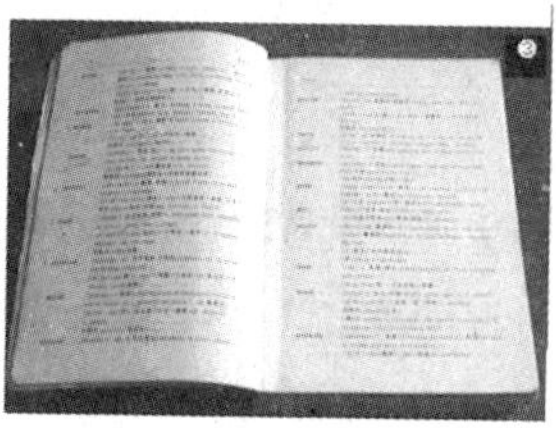

步骤一：如图①，红宝书 List 1 的第 1 页，共 9 个单词，用不到 5 分钟来背第一遍；

步骤二：此时 5 分钟的记忆周期已到，请先不要看第 2 页，立即迅速复习第 1 页。复习的标准为“试图回忆起该单词的意思”；

步骤三：如图②和图③，分别是红宝书的第 2~3 页和第 4~5 页。这四页的内容，每背一页都要重复刚才的步骤一和步骤二；

即：每一页都花大约 5 分钟来背，然后在背下一页单词前立即回到该页的第一个单词来复习，复习后再开始背下一页的单词。

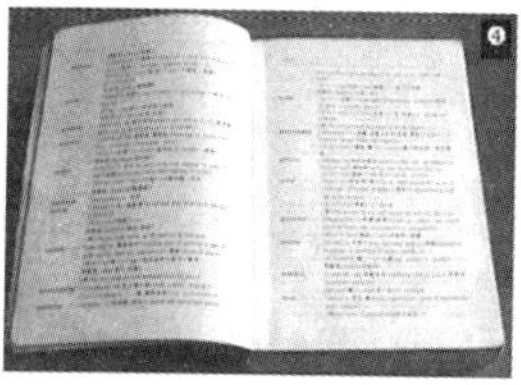

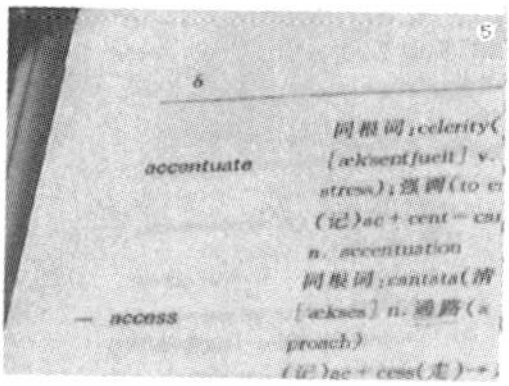

步骤四：图④是 List 1 的第 6~7 两页；图⑤是图④照片左上角的放大，从中清晰可见第 6 页的页码。对于第 6 页单词，仍然重复步骤一和步骤二，不同的是，在该页单词背完之后，请先不要背第 7 页，而是立即进行步骤五；

步骤五：由于距记忆第一个单词的时间已经有 30 分钟，所以立即回到第 1 页，迅速地把 1~6 页复习一遍；

步骤六：剩下的半个 List（7~12 页），仍然在半个小时内，重复步骤一到步骤五。整个 List 共用约一个小时。

到了晚上，也就是在背过单词的12个小时之后，到了第三个记忆周期，一定要对新背的单词进行复习。晚上复习的优点在于，由于背过单词后就要睡觉，所以不存在后摄抑制，有助于记忆的保持。笔者经过多次测算，发现对于绝大多数同学来讲，这一遍复习只需要第一遍背单词的不到1/3的时间，即每个List小于或等于20分钟，三个List在50分钟到一个小时之间。注意，**请读者把这一遍复习的顺序与早晨初背单词的顺序做一个调换**：如果早晨的顺序是List 1、List 2、List 3，则这一遍请调整为List 2、List 3、List 1，其目的在于从根本上克服前摄抑制和后摄抑制的问题。在之后的复习中，读者可以根据自己的情况灵活地调整复习的顺序，把记得最不清楚的部分放到自己记得最牢的位置。

其后的复习模式请按照前面所讲的方法继续，分别在1天后，再隔2天、4天、7天、15天后分别复习。这里的天数是指时间间隔的天数，而不是指第几天。也就是说，如果10月1日早晨背的新单词，这天的晚上要复习，2日、4日、8日、15日、30日要各做一次复习。等到这个大循环结束之后，背词者对单词的记忆就相当熟练了，因为每一个单词他都至少背过9遍。此后，背词者只需每天花上45分钟左右复习3个List，就可以对所有的红宝书单词保持"牢不可破"的记忆。

整个背单词的过程需要背词者有一个周密的计划。考虑到读者对此可能缺乏经验，笔者在下面为大家安排了一份背单词计划，这也是笔者当年自己用来背单词的时间表：

1 L1~3 *L1~3	**2** L4~6 *L1~3 *L4~6	**3** L7~9 *L4~6 *L7~9	**4** L10~12 *L1~3 *L7~9 *L10~12	**5** L13~15 *L4~6 *L10~12 *L13~15	**6** L16~18 *L7~9 *L13~15 *L16~18	**7** L19~21 *L10~12 *L16~18 *L19~21
8 L22~24 *L1~3 *L13~15 *L19~21 *L22~24	**9** L25~27 *L4~6 *L16~18 *L22~24 *L25~27	**10** L28~30 *L7~9 *L19~21 *L25~27 *L28~30	**11** L31~33 *L10~12 *L22~24 *L28~30 *L31~33	**12** L34~36 *L13~15 *L25~27 *L31~33 *L34~36	**13** L37~39 *L16~18 *L28~30 *L34~36 *L37~39	**14** L40~42 *L19~21 *L31~33 *L37~39 *L40~42
15 L43~45 *L1~3 *L22~24 *L34~36 *L40~42 *L43~45	**16** L46~48 *L4~6 *L25~27 *L37~39 *L43~45 *L46~48	**17** L49~50 *L7~9 *L28~30 *L40~42 *L46~48 *L49~50	**18** *L10~12 *L31~33 *L43~45 *L49~50	**19** *L13~15 *L34~36 *L46~48	**20** *L16~18 *L37~39 *L49~50	**21** *L19~21 *L40~42
22 *L22~24 *L43~45	**23** *L25~27 *L46~48	**24** *L28~30 *L49~50	**25** *L31~33	**26** *L34~36	**27** *L37~39	**28** *L40~42
29 *L43~45	**30** *L1~3 *L46~48	**31** *L4~6 *L49~50	**1** *L7~9	**2** *L10~12	**3** *L13~15	**4** *L16~18
5 *L19~21	**6** *L22~24	**7** *L25~27	**8** *L28~30	**9** *L31~33	**10** *L34~36	**11** *L37~39
12 *L40~42	**13** *L43~45	**14** *L46~48	**15** *L49~50	注：表格中将 List 简写为 L		

说明：上表是以模拟日历的形式做出来的。其中每个单元格上方的黑体数字代表天数，共有7列，代表一周中的7天。此日历为方便起见，把开始背单词的日期放在了1号，读者

可以根据自己背单词的实际日期把上表中的天数转换为真正的日历。

前 17 天的每个单元格中的不带星号的第一行是每天新背的单词，如 List 7~9 指 List 7、List 8 和 List 9 这 3 个词表。下面带有星号的单词是以前背过的、需要复习的单词。

我们来分析一下这个时间表。前 3 天和第 18 天之后任务量相对较小。第 4 天至第 7 天每天要花 3 个小时背新单词，3 个小时复习以前的单词，加在一起是 6 个小时；第 8 天至第 14 天每天要花 7 个小时；第 15、16、17 天这 3 天的任务量最大，每天要花 8 个小时。到了第 17 天之后，不需要再背任何新单词，而且背词者对于红宝书中的 80% 以上的单词已经复习了很多遍，十分熟练了，同时复习的任务量也大幅度地下降，所以整个背单词的任务也就只剩下扫尾的工作了。也就是说，如果想要 17 天内把这些单词基本搞定，从第 8 天到第 17 天这中间的 10 天是关键。这 10 天能否咬牙挺住，决定了这场与单词的搏斗能否胜利。至于这种背词法的效果，相信读者只要对上面的时间表稍做研究，对其可行性就不会再怀疑。简单地统计一下，仅仅在前 17 天中背过的单词便已高达 40300 词次，平均每个红宝书单词背过 6.5 次，背词者对于 70%~80% 的单词的掌握都可以达到很熟练的程度。

不过，或许有很多读者在看到这个时间表的时候会心生畏惧，涕泗横流；或许还有人嗤之以鼻，笔者都不会感到意外的。老子曰："信不足焉，有不信焉。"笔者想要在此提醒这些人，世界上从来就没有一种既省时又省力的单词记忆方法。与其花上半年时间天天哭爹喊娘，还不如撸起袖子，把自己“钉”在凳子上迅速把这些单词干掉。当初笔者使用这一方法时，每天闻鸡起舞、披星戴月，完不成当天的任务决不睡觉，因为那样也睡不踏实。每日心中所想、口中所说、夜里所梦的全都是 GRE 词汇，虽不敢说是走火入魔，但起码也是心无旁骛、雷打不动。记得有一个周末，同室之人皆如鸟散状，各去寻欢作乐，笔者独赴自习教室背单词，孤苦不堪、寂寞难耐，遂赋绝句一首，聊以自励：无言独自上高山，不至绝顶不见天。人生何处不险阻？英雄无泪只登攀。巨大的努力也会带来巨大的回报，第 17 天背完单词时，喜从中来，举杯豪饮。不但一举突破了单词关，对于征服 GRE 考试也产生了前所未有的巨大信心。

注意事项：

第一，读者可以根据自己的实际情况对上面的时间表作修改，不必泥古不化。不过请记住一点：复习要比背新词更重要。如果时间实在安排不开，宁可不背新词，但是一定要完成当天的复习任务。

第二，背新单词最好安排在早晨，最迟在中午，以便在 12 小时后的晚上复习。在两天以上的复习周期中，不必拘泥于复习单词的时间到底是在早晨还是晚上。

第三，在背单词的过程中，一定要发挥主观能动性，勤于思考、勤于比较、勤于联想、勤于使用，努力增加对单词的思维过程，以此赋予单词更多的意义。前面讲过，一个人对于有意义材料的记忆程度要远远超过无意义材料，所以请读者尽量避免做机械记忆。笔者当初背词之时，对所见、所闻和所想都习惯性地立刻去联想有没有相应的 GRE 词汇，其同义词、反义词各是什么。这在很大程度上增加了单词记忆的时间以及记忆程度。As an old saying goes, “Use a word three times and it’s yours.”

第四，任何人都会有一定比例的单词是难以记住的。背词者对于这些单词重复的遍数一定要超过其他单词。到了 5 遍以上（隔 5 天的周期）还记不住的单词，可找个小本记录下来放在兜里，一有空就拿出来背一背。还有一个比较好的方法，在书上背不下来的单词左边做个星号，每次复习时重点记忆，别的单词背一遍，它背两遍，作为重点复习。而随着复习遍数的增多，有一些单词旁边的星号会比较多，三星以上的单词就一定是对于你来讲特别难背的单词了，一定要收集起来反复背诵。

第五，17 天之后，就可以开始做题了。背单词最好的方法就是与做题相结合，在实战中反复遇到这些单词，可以迅速改善学习者对于单词的反应速度和理解深度。

第六，对所有单词完成了 15 天的复习周期之后，千万不要认为既然大功告成就可以不再复习了。单词一天不背就忘，一个月不背就前功尽弃。坚持每天花 45 分钟左右复习 3 个 List，则可保无忧。这时学习者应该开始把注意力集中到这些单词的英文释义、同/反义词上了。

第七，每次复习都应该遮住中文释义，只看英文单词，来回忆这个单词的意思。遮住中文释义想不出来或者想错了就意味着这个单词没记住，需要重点记忆。随着复习遍数的增多，记不住的单词越来越少，复习的速度也会越来越快。按照笔者的背词法，12 个小时后的那一次复习，第一次复习的时候一个 List 需要 20 分钟；到了 15 天的这个复习周期，大约只需要 15 分钟。等到读者可以在 10 分钟内复习完一个 List 的时候，背单词一关就已经完全通过了。

尤其需要注意的是，在每一次的复习中，切切不可放任自己偷懒，不先遮住中文释义以试图回忆该英文单词的意思，而是简简单单地把这个单词的中、英文又重读一遍，这种复习方法虽然速度非常快，但是远远达不到笔者要求的复习效果。因为从记忆的规律来讲，试图回忆是比简单地重复学习更为积极的过程，可以使记忆者在记忆的过程中更为专心，因为每一次复习都是一次小的记忆测试，为了能在下一个复习点到来时回忆起该单词，背词者必须在记忆每一个单词时精力都更为集中。而且，这种试图回忆的复习方法更具挑战性，既加强了背单词的效果，又增加了背单词的乐趣。也就是说，使用这种复习标准背词者还可以更有针对性地找出那些尚不能回忆的或者回忆有误的单词，然后有效地解决这些问题。前苏联心理学家伊凡诺娃的实验报告就清楚地说明了试图回忆的复习方法与重复学习的复习方法相比的优越之处。

记忆方式	记忆效果		
	1 小时后	24 小时后	10 天之后
单纯重复学习四次	52.5%	30%	25%
两次学习两次回忆	75%	72.5%	57.5%

伊凡诺娃的实验数据

笔者当初是使用一张过期的电话卡来遮住红宝书右侧的中文释义，不管是 5 分钟、30 分钟还是更长的复习周期，每一次复习时都坚持先试图回忆，再把卡片平行向下移动露出右边的释义，如果回忆正确继续向下走；如果有误就迅速强化对它的记忆，并做出记号，每次背完单词还要返回多背它一遍。当初在使用该电话卡十余天后，卡背面的文字图案全部磨光，同学见之无不惊叹。

第八，本方法的中间阶段，是最为关键也最为痛苦的时期，极易半途而废，请一定咬牙挺过去。如果实在坚持不下去了，就想一想："如果放弃，前面的单词就全都白背了"，你就能坚持住。如果还是无法坚持，想一想笔者，想一想长征。再坚持不住，把一天 3 个 List 减少到 2 个。如果这样还不行，放弃，去睡觉吧，看你能不能睡着。

从本质上来讲，背单词就是一个与遗忘不断斗争的过程。正所谓"逆水行舟，不进则退"，在这个过程中决不可放弃，否则"一日曝之，十日寒之"，就又回到那种把单词从头背到尾、再从尾背到头的失败方案上了。真正想使用笔者的方法迅速解决单词问题的读者，一定要在这个阶段全身心地投入，破釜沉舟，百折不回，把生活的重心完全放到背单词上，一旦挺过了这17天，前面就是光明大道。如果没有这种精神，笔者的方法在你的身上将很难奏效。不过，如果没有这种精神，你做什么事情恐怕都比较容易失败。考不好GRE等出国考试倒也无所谓，但你的命运呢？To be or not to be，that is the question.

二、2011版红宝书的时间表调整

2011版红宝书分成两个部分，共计6524个主词。其中第一部分为22个单元的核心词汇，第二部分为20个单元的拓展词汇。附录附有常用的数学词汇。所以前两个词表的所有单词就是同学们要攻克的目标。各部分单词分配详见下表：

各部分	页数	单词数	List数	每List页数	每List单词数
核心词汇	254	3307	22	约10页	150
拓展词汇	210	3217	20	约10页	150

分析：

与笔者当初17天搞定的1999版相比，2011版红宝书的核心单词每个List增加了30个，占原来每个List的1/4，如果按照原来的每天3个List的速度进行，则每天有454个单词要背，按每小时背120个单词计算，则每天需要花3小时47分钟来背新单词，这是绝大多数同学难以做到的；另外，由于每个词表单词数的增加而造成的每天要复习的单词数量也大大增多，记忆如此大量的单词即使是记忆力与毅力俱佳的同学也难以承受。所以笔者以为，针对 2011 版红宝书，每天花 2.5 个小时背 2 个 List 共 300 个新单词，用 21 天背完全书是适当的进度。这样不但缩短了每天背新单词所花费的时间，而且降低了每天复习单词的任务量（因为无论是新背的单词还是复习的单词都比原来的 17 天版本减少了 1/6）。其实网上有很多同学已经在自发地使用这个每天 2 个 List 的新版进度表了。

笔者多年来心头之痛就是这个 17 天背单词的方法虽然能收奇效，但是真正能做到的人只在 30% 上下，其他人因为其太过艰巨而浅尝辄止，无法坚持到柳暗花明，苦尽甘来。尽管笔者在书中提到过可以减少到一天 2 个 List 的方案，但很多同学急功近利，不肯量力而行，故真正能够根据自己的实际情况主动减少每天背词量的人少之又少，结果绝大多数人半途而废。笔者每次看到或听到这种情况，皆心痛不已。借 2011 版红宝书每个 List 的单词量增加之机，笔者将背词的方法做一个调整，希望降低其难度，使更多的同学能够成功地使用这个背词法，以弥补这个多年来的遗憾。当然，对于有些基础很好、时间充裕且意志坚强的读者，笔者仍然不反对你用每天 3 个 List 的速度在 14 天内搞定 42 个 List 的 2011 版单词。

由于每个 List 变为 150 个单词，不再是 60 个单词的复习单元的整数倍，所以请读者把每天新背的 2 个 List 打通，将 300 个单词分成 5 个各含有 60 个单词的复习单元，每个单元仍按照上面的方法背 0.5 个小时，即第一个 List 的前 120 个单词花 1 个小时，第一个 List 的后 30 个单词和第二个 List 的前 30 个单词花 0.5 个小时，第二个 List 的后 120 个单词又花 1 个小时，共计 2.5 个小时，如下表所示：

List 1			List 2		
1~60	60~120	121~151	1~30	31~90	91~150
0.5 时	0.5 时	0.5 时		0.5 时	0.5 时

依此进度，42 个 List 按下表共 21 天背完：

1	2	3	4	5	6	7
L1~2 *L1~2	L3~4 *L1~2 *L3~4	L5~6 *L3~4 *L5~6	L7~8 *L1~2 *L5~6 *L7~8	L9~10 *L3~4 *L7~8 *L9~10	L11~12 *L5~6 *L9~10 *L11~12	L13~14 *L7~8 *L11~12 *L13~14
8	**9**	**10**	**11**	**12**	**13**	**14**
L15~16 *L1~2 *L9~10 *L13~14 *L15~16	L17~18 *L3~4 *L11~12 *L15~16 *L17~18	L19~20 *L5~6 *L13~14 *L17~18 *L19~20	L21~22 *L7~8 *L15~16 *L19~20 *L21~22	L23~24 *L9~10 *L17~18 *L21~22 *L23~24	L25~26 *L11~12 *L19~20 *L23~24 *L25~26	L27~28 *L13~14 *L21~22 *L25~26 *L27~28
15	**16**	**17**	**18**	**19**	**20**	**21**
L29~30 *L1~2 *L15~16 *L23~24 *L27~28 *L29~30	L31~32 *L3~4 *L17~18 *L25~26 *L29~30 *L31~32	L33~34 *L5~6 *L19~20 *L27~28 *L31~32 *L33~34	L35~36 *L7~8 *L21~22 *L29~30 *L33~34 *L35~36	L37~38 *L9~10 *L23~24 *L31~32 *L35~36 *L37~38	L39~40 *L11~12 *L25~26 *L33~34 *L37~38 *L39~40	L41~42 *L13~14 *L27~28 *L35~36 *L39~40 *L41~42
22	**23**	**24**	**25**	**26**	**27**	**28**
*L15~16 *L29~30 *L37~38 *L41~42	*L17~18 *L31~32 *L39~40	*L19~20 *L33~34 *L41~42	*L21~22 *L35~36	*L23~24 *L37~38	*L25~26 *L39~40	*L27~28 *L41~42

29	30	31	1	2	3	4
*L29~30	*L1~2 *L31~32	*L3~4 *L33~34	*L5~6 *L35~36	*L7~8 *L37~38	*L9~10 *L39~40	*L11~12 *L41~42
5	**6**	**7**	**8**	**9**	**10**	**11**
*L13~14	*L15~16	*L17~18	*L19~20	*L21~22	*L23~24	*L25~26
12	**13**	**14**	**15**	**16**	**17**	**18**
*L27~28	*L29~30	*L31~32	*L33~34	*L35~36	*L37~38	*L39~40
19						
*L41~42						

三、GMAT 单词的记忆方案

GMAT 考生可以用相同的方法来背单词，由于 GMAT 单词要少得多，所以可以用 5~8 天的时间背下来。新东方的《GMAT 词汇精选》同样是一本好书，只不过在单词量和编排上与红宝书略有不同：每一页平均有 6 个单词，分 30 个 List，共 352 页，加上附录共 379 页。背这本书的要求是：每 2 页花 5 分钟复习，每 12 页花 30 分钟复习，则一天 3 个小时，可背 72 页。这与 1999 版红宝书每天背 3 个 List 的任务量是相同的。

背 GMAT 单词的时间表如下：

1	2	3	4	5	6	7
1~72 *1~72	73~144 *1~72 *73~144	145~216 *73~144 *145~216	217~288 *1~72 *145~216 *217~288	289~352 *73~144 *217~288 *289~352	*145~216 *289~352	*217~288

8	9	10	11	12	13	14
*1~72 *289~352	*73~144	*145~216	*217~288	*289~352		
15	16	17	18	19	20	21
*1~72	*73~144	*145~216	*217~288	*289~352		
22	23	24	25	26	27	28
29	30	31	1	2	3	4
	*1~72	*73~144	*145~216	*217~288	*289~352	

如果说并不是每一个人都能把上面笔者所列出的记忆GRE单词的时间表坚持到底，笔者可以非常肯定地说，这个GMAT时间表一定适用于所有的GMAT考生。

TOEFL、考研、四六级单词也可以使用相同的方法来背，只不过这些单词相对比较简单，量也不算大，笔者就不在此专门列表了，读者可按照前面的原则自行制定适合自己的计划，应该也可以在一周左右搞定。网上已经有很多同学用笔者的方法列出了TOEFL、考研以及四、六级考试的时间表，请读者自行查找借鉴。不过，无论是参加哪种考试的考生，笔者都请你们记住：**仅仅记住了这些单词的中文释义，只是你对这些单词掌握的开始，而对于它们的实际意义，还需要你在做题、阅读和日常使用中不断地深入了解，最终才能真正提高自己的词汇水平乃至英语水平**。

附：无论是背哪一种单词的同学，如果在背单词的过程中发现原计划已无法完成，请利用下页所附的空白表来重新修订计划，万万不可前功尽弃。

记住：坚持就是胜利！

1	2	3	4	5	6	7
8	9	10	11	12	13	14
15	16	17	18	19	20	21
22	23	24	25	26	27	28
29	30	31	1	2	3	4
5	6	7	8	9	10	11
12	13	14	15	16	17	18
19	20	21	22	23	24	25

第三章　背单词中的常见问题

对于初学者而言，如何背单词可以说是最关心的问题。而且在关于出国考试的各个网站上，问得最多的一个问题也是如何背单词。笔者在此把一些典型的问题收集起来加以回答或者点评，相信不但可以解决一些初学者的共性的问题，而且对一些有一定学习经验的同学也会有相当大的参考价值。

问题一：选什么单词书？

答：这是初学者很关心的一个问题。不过，即使是有了一段学习经历的同学对此也不十分清楚。常见的一种误解就是只要背一背关于所要考的出国考试单词书上的单词就行了，比如 TOEFL 考生只需要背 TOEFL 词汇，GMAT 考生只需背 GMAT 词汇等。可是实际上问题并不这么简单。由于考生的情况参差不齐，其中有很多人像笔者自己当初那样，毕业已经好几年了，连大学四、六级词汇都认不得几个了，这些人仅仅背一背要考的出国考试的词汇书是明显不够的。事实上，在 TOEFL、GMAT 和 GRE 这三种考试所需要的词汇量之间存在着以下的关系：

◆ GRE 所需要的词汇量

= 大学四、六级词汇 + TOEFL 词汇 + GRE 词汇

◆ GMAT 所需要的词汇量

= 大学四、六级词汇 + TOEFL 词汇 + GMAT 词汇

◆ TOEFL 所需要的词汇量

= 大学四、六级词汇 + TOEFL 词汇

从以上的关系中，我们可以看出三个问题：**第一，**大学四、六级词汇和 TOEFL 词汇是每一种考试都必备的。实际上，这些词汇是英语中最常用的基础词汇，是所有准备在英语国家学习、生活的人都必须掌握的词汇，也是所有出国考试的基础词汇。**第二，**GRE、GMAT、TOEFL 和大学四、六级这四种考试的词汇难度是依次递减的，以 GRE 词汇为最高，四、六级词汇为最低。这一点在英文原版文章的阅读中也有所体现：英文通俗读物中出现的词汇以 TOEFL 和四、六级词汇为主，而学术杂志和专业读物中则会出现大量的 GRE 和 GMAT 词汇。**第三，**在这四种考试真题中出现的词汇又是向下覆盖的，即：GRE 和 GMAT 考试中会出现 TOEFL 和大学四、六级词汇，TOEFL 考试中又会出现大学四、六级词汇。注意，此处并不是说 GRE 词汇书中有其他考试中的词汇，而是说真题中会有这些词汇。目前市面上针对任何考试的词汇书都不会把级别比它低的考试中的词汇收录进去，但是更高级的考试中却一定会出现更低等级的词汇。所以请基础不是很好的同学除了要把所参加考试的词汇书背下来之外，还要按照上面笔者列出的关系式，背下较低等级的词汇中自己不熟悉的单词。

除此之外，在 GRE、GMAT 以及 TOEFL 词汇之间还有一层特殊关系，那就是背了 GRE 红宝书词汇的同学可以完全不用背 GMAT 词汇，而且也只需要背一部分的 TOEFL 词汇。这是因为 GRE 红宝书收录的词汇极其经典，博大精深，而 GMAT 词汇实际上就是红宝书的简写版，而很多 TOEFL 词汇也是从红宝书词汇中简化出来的，有了红宝书的底子，背 TOEFL 词汇如同儿戏。而实际上，几乎每一次 GMAT 和 TOEFL 考试中出现过的偏词、怪词都逃不出红宝书的范畴，因此有很多 GMAT、TOEFL 考生，即使不考 GRE 也都去背红宝书，而且他们中间也有很多人可以考出很高的分数来，可谓是“登泰山而小天下”。

在市面上的各种版本的所有词汇书中，背词者应该毫不迟疑地选择新东方所出的各种词汇书，分别是：俞敏洪先生的《GRE 词汇精选》《GMAT 词汇精选》和张红岩的《TOEFL 词汇精选》。笔者推荐这几本书，并没有任何个人利益，而实在是因为这几本书的品质笔者认为是最好的，从其所收录的词汇的代表性和中、英文解释的准确性上来看，都是准备各种出国考试的考生的首选。对于 GRE 考生来讲，在复习的后期《GRE 巴朗词表》也是值得一看的。

问题二：困惑 & 痛苦：GRE 单词实在背不下去了，怎么办？

答：这个同学的记忆标准很可能过于苛刻，造成其自信心的挫伤。失败仅仅是一种心理状态，其余什么都不是。不过尽管如此，这种心理状态又是现实存在的，因此聪明的学习者应该避免让无谓的失败打击自己高昂的学习情绪。笔者在前面曾经分析过，对单词的记忆标准应该是逐渐提高的。初背单词时标准不宜过高，只要能够识别这个单词，说出它的中文释义即可，所需记忆的内容仅限于该词的词形、中文释义和记忆法，而对英文释义和例句是应该到了15天大循环之后的记忆周期中才需要看的东西，而拼写和发音之类的东西，则属于可记可不记的范畴，即使说不清楚，也决不会影响考试。实际上，随着复习遍数的增多和开始练习历年考试真题，这些东西都可以在不经意间被记住。使用较低的记忆标准可以达到较大的单词记忆量，大大地提高记忆速度，从而极大地缩短整个背单词周期；使用这种标准，背词者每天都能背下三四百个单词，这会使背词者每天都沉浸于“从一个胜利走向另一个胜利”的巨大成就感之中，从根本上树立起攻克出国考试的信心。

而有些同学习惯于每背一个单词就把关于它的一切信息都搞得很细致，试图什么都去记住，结果是要么在短时间内什么都记不住，要么就以耗费大量的时间为代价，一页单词背上一遍就需要半个小时。这样虽然暂时把单词记得比较牢固，可是这种一次性的长时间学习是无法经受时间的考验的，等花了两三个月的时间把六千余个单词背完一遍之后，回头一看，肯定是忘掉了绝大部分的内容。这种背单词的方式，一定会严重挫伤背词者的自信心，无情地打击其背单词的士气，使其“困惑 & 痛苦”不已。就像笔者前面说过的，效率

最高的记忆方法，是把记忆的时间分开来利用，每一次记忆的时间要短，把时间分配到多次复习当中去。

问题三：正在背 GRE 单词，背了五六遍仍不见起色，甚急，企盼指教！

答：该同学一定是使用那种笔者坚决反对的“把单词一遍从头背到尾、再把单词一遍从尾背到头”的中国学生惯用的背词法。这种方法也能复习，但是问题就在于每一次复习的时间点都距离上一次复习太远了，所以不可能有好的效果。打一个极端一点的比方，如果你背一个单词 6 遍，但是你是每隔 5 年背一次，你能记住它吗？复习点的确定一定要符合人类遗忘和记忆的规律，否则就不可能收到预期的效果。各种出国考试的单词量都非常大，如果不在每个合适的复习点进行分阶段地、有计划地复习，而是希望一口吃成个胖子，其结果只能是浪费更多的时间。笔者在自己的课堂上反复对学生强调我们中国先贤孔子的一个观点：“无欲速，无见小利。欲速，则不达；见小利，则大事不成。”笔者甚至说，最快的方法，就是最慢的方法。这一点听上去不像是正常的人类思维，但真理却往往是出人意料的。我们学习的目的在于把所学到的东西巩固住，真正变成自己的东西。学的东西多并不能说明问题，掌握了多少才是重要的。而且暂时掌握了也不等于长期掌握了，因为学习者时刻要与“遗忘”这个恶魔做殊死的搏斗。所以坚持按照科学的统筹规划进行有规律的复习，是背单词成功的关键的关键。请本书的读者一定要吃透笔者前面所讲的记忆理论，按照笔者制定的时间表或结合自身状况自制时间表，并严格执行复习计划，才能够在短时间内迅速搞定“单词”这个出国考试中最大的不安定因素，在学习的初期就赢得宝贵的优势。

问题四：背了单词怎么还看不懂阅读啊？

答：这是 GRE 和 GMAT 考生经常要问的一个问题。对于 TOEFL 考生来讲，基本上不存在这个问题，这是因为 TOEFL 文章的文体通常以介绍性的说明文为主，几乎没有议论文。因此，只要能读懂其字面的意思，就可以基本读懂文章，也可以答对绝大多数的题目；而 GRE 和 GMAT 文章以学术论文为主，文章中充满了各种各样的复杂逻辑关系，一方面要求读者有较高的阅读能力，另一方面还需要读者有较强的逻辑思维能力。同时，GRE 和 GMAT 阅读对于单词的要求也不仅限于知道其中文释义，因为很多看上去不是很难的单词一到了学术论文中就不是那么简单了：文章的语境往往要求读者对这些单词有着较为深刻的理解。笔者在《难句》一书中对此有着详细的论述。在该书中，笔者提出“抽象词”的概念，并列出了一些常见的抽象词，这些词汇语义抽象、携带的信息量大，同学们在阅读的时候即便知道其中文释义，往往也无法迅速反应出它们在文章中的真实含义。说得简单一点，我们都知道有这样两句话，叫作“听而不闻，视而不见”，这就有一点像阅读中的感觉。“看到了”和“理解了”是不同的两个概念，而其中的差异就是阅读俗手和高手之间的差异。有关抽象词的具体训练方法，请参阅笔者的《难句》一书。

最后，如果背了单词就能看懂阅读的话，那还要阅读老师干什么？

问题五：单词背到什么程度可以做题了？请各位高手指点！

答：这是一个需要读者自行把握分寸的问题，也是一个很重要的问题。因为如果单词背得不熟，做题时必将焦头烂额，信心大失；但是如果要等到百分之百记住单词才开始做题，这也不现实。因为绝大多数考生到了临考前几天仍然会有 5% 左右的单词记不准，如果务求完美，恐怕要等个一年半载才能开始做真题。实际上，做题会对单词的记忆有极其重要的促进作用，因为在题目中遇到的单词是最有意义的记忆材料，是有生命的语言，因此不论该题目是答对还是答错，这些单词都会给做题者留下极其深刻的印象，与在词汇书中单纯地死背单词比起来，有着不可替代的优越性。故此，开始做题的时机不可太晚，一般来说，只要能够记住 70% 的单词就可以开始做题了。对于以笔者的背词法背单词的同学来讲，只要到了第 17 天之后就完全可以做题了。因为按照笔者的方法，此时你对单词的记忆肯定会达到 70% 以上；而用其他方法背得不太牢的同学，你可以适当地降低标准，只要能记住 50%~60% 的单词就可以尝试做题了，因为做题反过来对于你背单词又有促进作用，这是一个提高你对单词的熟练程度的好机会。

问题六：在红宝书上，单词都认识；离开红宝书，都忘了。怎么办？

答：这是一个几乎所有人背单词时都遇到过的奇怪而有趣的现象，当初笔者自己也遇到了这个问题。该现象可以从联想记忆法中找到解释，即：人们在记忆的过程中，如果能够把被记忆材料与其他已经存在的记忆关联起来，对它的记忆就会更为深刻。由于绝大多数词汇书中的单词都是按照字母顺序排列的，所以背词者通常会在背单词时把一个单词与前后的单词做比较，久而久之，就难免要把该单词与前后的单词联系起来，以至于在背单词时可以借助该词在词汇书中的位置和前后单词而联想起它的词义。可是到了做题时，没有了这种位置感的帮助，相当于少了一个强有力的拐杖，当时就昏厥了。

解决这个问题的办法，就是打乱每次记忆的固定顺序。我们中国人有一个说法叫作"倒背如流"，其实这个成语除了形容超强的记忆力之外，还有一个不为绝大多数人所知的更深层的道理在里头，那就是，如果真的想把一个东西记住，就必须排除被记忆材料在文章中的位置对记忆者的影响。笔者当初背红宝书的时候，在每一个复习点上都采用了不同的记忆顺序，时而从一个 List 的最后一页往前背，时而从前往后背；在每一页中也是有时正着背，有时倒着背；不同的 List 之间的复习顺序也局部打乱，穿插着背，这样不但克服了笔者在前面讲过的"前摄抑制"和"倒摄抑制"，而且也有效地避免了所记忆单词之间的相对位置对记忆的干扰。

另外一个好办法，就是使用新东方的《GRE 词汇逆序小辞典》（以下简称为《逆序》），或者使用本书后面所附的“混字表”来帮助记忆。《逆序》一书在很大程度上就是为了解决此处所讨论的这个问题而编写的，而且在实际使用中也被证明对加强考生对单词的记忆有很好的效果。该书与红宝书中的单词排列方法不同，不是以单词首字母顺序来排列，而是以单词结尾字母的顺序来排列，其结果就是在红宝书里相隔千山万水的词被排列到了一起，如：relic，hyperbolic，bucolic，catholic，vitriolic，frolic，dynamic，epidemic，pandemic，polemic，rhythmic，mimic，gnomic，systematic，seismic，cosmic 等。同学们对红宝书里的单词达到了 80% 以上的记忆程度之后，就可以适当地交替使用红宝书和《逆序》来背单词了。

而笔者后面所附的“混字表”，是专门用来对付那些在词汇书中容易被混淆的单词的，其训练强度要高于《逆序》，适合于词汇水平比较高的同学使用。具体使用方法，请见本书附录。

问题七：4 天背了 3 个 List，算了算在上暑假新东方课之前是背不完了。这已经是最适合我的速度了，不知其他同仁的速度怎样。共勉！

答： 一天能背多少单词，既是速度问题，也不是速度问题，因为不但每个人在一天中能够拿出来背单词的时间长短不同，而且在不同的个体之间还存在着一个持久力不同的问题。

不过还是笔者前面说过的那句话，初记单词的标准不可太高，不该记的东西就不要记，这样可以大大提高背单词的速度。而且，笔者在此要给所有想到新东方听课的 GRE 考生一个忠告：尽量在开班之前把单词背下来，否则在词汇课、阅读课和填空课上都会感到非常吃力，学习效率也不会很高，事倍功半。而对于 GMAT 和 TOEFL 考生来讲，由于单词的数量较少，难度也不高，影响还不算是致命的。

问题八：红宝书背三遍了，做真题还是有巨多单词不认识，真是莫名其妙，压抑啊！

答：实际情况是，即使你把红宝书背上十遍，做真题时仍然会有很多单词不认识。

造成这个问题的因素有很多。**第一，**如果你的大学四、六级单词和 TOEFL 单词不熟，你的单词储备不足或者单词的结构有缺陷，做题时肯定就会有不认识的单词。**第二，**本来真题中就有很多单词是超出红宝书的，但这些单词其实并不是非认识不可的重要词汇，或者是干扰项，或者是专有名词，认识与不认识并无太大差别。**第三，**背红宝书的遍数与你实际掌握单词的程度并无必然联系，如果你每一遍都从头背到尾而中间不及时复习，即使背了三遍也只能掌握不到一半的单词；而如果使用笔者的方法，一遍下来就可以记住 70% 到 80% 的单词，不可同日而语。**第四，**就像笔者前面解释过的，在红宝书上认识的单词，不见得到了真题里你仍然认识。**第五，**真题里有些单词是把红宝书里的单词变换词缀、词根衍生出来的单词，如果学习红宝书时没有顺便掌握其中记忆法中给出的构词法，在真题中遇到它们时就难以辨认。**第六，**红宝书中还有很多词形或词义相近的单词，甚至有些单词是词形和词义都相近，例如 retribution 和 tribulation，如果背单词的时候不注意区分和比较，在真题中遇到时就难免张冠李戴，增加答题难度。

明白了这些因素，这位同学的问题也就不能称之为“莫名其妙”了，主要是方法的问题和词汇功底深浅的问题。如同笔者在课堂上反复强调的，GRE 考试乃至一切出国考试的问题，最终不要把它归结为能力问题，而要把它分解成一系列小的技术问题，然后以坚持不懈的努力来解决这些技术问题：如果你一切道理都明白就是成绩不好，这说明你的工夫没下到；如果你废寝忘食还是学不会，说明你的方法有问题。除此之外，再没有其他的问题了。

问题九：背单词时老走神，咋办？

答：说起来可能有人不相信，笔者自己刚开始背 GRE 词汇时也存在着注意力不集中的问题。原因同样有很多。

首先是害怕。眼前摆着那么厚的一本书，密密麻麻的放眼都是词汇，和一本字典差不多，令人为之色变，为之胆寒。其实很多人也和我当初一样，刚开始背单词时，即使表面上是坐在那里背单词，可是内心却在不停地质问自己：你是怎么了？为什么非要背这些无聊的词汇？凭什么要如此折磨自己？不背不行吗？再说回来你照照镜子看看自己，就凭你也能把这本书背下来？你就算不出国，不也是条英雄好汉吗？！想到此处，思绪就漫游到了隔壁家女孩随风飘洒的青丝和临别前妩媚的一笑，其中似有千言万语，不由得呆住了，要不是下课铃响，真不知要胡思乱想到什么时候。

其次是不习惯。很少有初学者能够习惯于长时间记忆GRE单词，因为这些单词的难度并非其他单词可比，要么很长，要么意思很抽象，有时连中文释义都得让你看上半天，诸如“似是而非的论点，自相矛盾的话”，俯拾皆是。好不容易碰到一个短一点的单词，却发现越是短的单词，往往词义越多。背了一会儿，就觉得大脑不堪重负，惰性也随之滋生，只想着把书合上。这就更加强化了自己之前的疑问：我能背下这些单词吗？

第三是随时随地的遗忘。好不容易背下来一点单词，隔几天回头一看，全部忘光，这时，无论是谁都会感到莫名的失落，接着就丧失了继续背下去的勇气。GRE考试之难度早已闻名于世，本来敢于挑战GRE的同学就都是或信心十足、或背水一战之辈，可是还未接触到真题，就先被单词来了个当头一棒，其中的沮丧和失望，是未经历过的人所不能体会的。

在这三个问题中，后两个只是技术问题，容易解决；而第一个问题只有靠你自己去解决，我是没有什么办法的：解铃还需系铃人。其实第一个问题说白了就是：背单词的人根本就不相信自己能把这些单词背下来！如果你自己都不肯相信你自己能够做到，那么你还没有开始，就已经注定要失败了；连你自己都不肯帮助你自己，那你还指望谁能够帮助你呢？自助者，天助之！笔者当初为了自己的梦想，不顾已经远离学习、生活多年的种种不利因素，放弃了官禄，投身于GRE，置身于水深火热中，可以说已是破釜沉舟。但是破釜沉舟并不等于你已经成功了，谁告诉你破釜沉舟就一定能成功？！如果失败了就是愚蠢。其时笔者遭遇GRE单词，心神狂乱、坐立不安，连续三天时间，什么都学不进去。于是第四晚便把自己关在一间暗室，彻夜不眠，检讨了自己的一生。那一夜令我永生难忘。我想了些什么，我不告诉你们；我只能告诉你们，我的灵魂在哭泣！第二天一早，当别人还在梦中，我已经跑到外面去背单词了，这便是我17天背词计划中第一天的开始。经过一夜的苦思冥想，我眼中的世界发生了改变。不，不是世界变了；世界还是那个世界。是我变了！我明白了我的命运，也明白了自己应该做些什么。因此我不再害怕，我不再害怕我会失败，因为对于此时的我来讲，失败已经是绝不可能了。不就是一本红宝书吗！不就是6000个单词吗！背下来不就完了嘛！就花17天！从此我的目光变得坚定，我的步伐节奏加快，从此我每次去自习教室，都是三步并作两步跑上去的。我就像一列开动起来的列车，已经启动，谁都无法阻挡！我掐算着手指缝间的每一分每一秒，我掌握着自己每一个计划中的复习步骤。看到我手中原本崭新的红宝书在飞速地变旧，用来背单词的电话卡上的图案在十几日内磨光，周围的学友们望着我也只剩下叹息的份儿。

关于这个如何集中注意力的问题，我似乎什么也没有回答。但是不要只用眼睛来看上面的文字，用你的心来看：我回答了一切。记住，在命运夺走你的生命之前，你就是你命运的主宰。在你遇到从天而降的、巨大得无法想象的困难的时候，你只有两种选择：要么昂起你尊贵的头接受挑战，要么转过身去任由危险偷袭你的后方。与你的期望正相反，你的软弱不会使危险减半，只能使它加倍凶猛地向你扑来。数年前，我做出了我的选择；同学们，现在是你们做出自己的选择的时候了。你们的选择，将会决定你们生命的价值。

仅仅有了决心，只能算是勇士，还算不上是战士。除了有决心，还要有头脑。不过通常一个人的决心越大，他的头脑也就越活跃，他也就越有可能找到好的方法，就比如笔者的方法。笔者的很多学生刚刚听说笔者的方法的时候，认为笔者是疯子，可是他们用过了以后，又都会跑来对笔者说，这种方法真的很管用。好了，废话少说，谈一谈后两种注意力不集中的情况的解决方案。刚才笔者说过这是两个技术问题，可以用技术方法来解决。关于单词难度较大，大脑容易疲劳的问题，我曾经指导过一个 GMAT 考生解决了此问题。我告诉他，每个人的持续学习能力都是有限度的，如果材料比较难，当然容易疲劳。但是人的这种持续学习的能力又是可以通过训练来提高的。举个例子，比如你以前通常是一次背 30 个单词，可是现在背了 100 个单词，你可能觉得已经到了自己的极限了。但是先不要停下来，再背它 50 个，你会惊奇地发现原来自己也可以记住。即使你记不住，也没关系，明天你背单词的时候就会发现自己的学习极限提高了，可以背到 150 个单词了。这时候请再次增加你的记忆量，把它增加到 200 个。依此类推，借助及时的复习，一天背下三四百个单词其实算不上什么奇迹。这个规律其实不只存在于背单词中，刚开始做真题时也会存在这样的问题。如果你有足够大的学习的决心，可是一开始又不能够长时间地集中注意力，你只要坚持住、决不放弃，经过几天的坚持训练，这种能力自然而然地会得到提高。

关于如何解决遗忘的问题，前面已经说得非常多了，在此不多浪费笔墨。

问题十：大家背单词的时候有没有看英文解释啊？

答：笔者在课堂上对此问题有一个专论。现在对此问题有着广泛的争论，有人说应该背中文释义，也有人说应该背英文释义，争论得不可开交，因此笔者觉得很有必要在此给出一个明确的说法，以使初学者能够有所遵循。

笔者在此给同学们一个忠告，那就是确定学习方法的时候，应该透过问题的表象，直接抓住其实质。不论是中文释义还是英文释义都只是我们掌握单词的手段而不是最终目的，最终的目的还在于要掌握单词的意思。在达到这个最终目的的过程中，两种释义各有优缺点：背中文释义比较快，但是准确程度不如英文释义；而看英文释义虽然更准确，但是其阅读难度相对较大，而且在一个 GRE 单词的英文释义中还有许多其他的 GRE 单词，在红宝书没有背到一个比较好的程度之前是难以读懂的。那么，怎么来解决这个矛盾呢？

希望读者们能够记住笔者这样一个观点，这将会对你的学习大有裨益：不同水平的人应该使用不同的学习方法；而且即使是同一个人，当他水平较低的时候和水平提高了以后也应该使用不同的方法！当你第一遍背单词的时候当然应该背其中文释义，因为这个时候你有很多英文释义读都读不懂，怎么谈得上去背呢？而当你用我的方法背到了17天之后，其中的每个单词都背了有9遍之多，第10遍的时候当然应该看英文释义了，因为这时候你已经对中文释义滚瓜烂熟，它已经完成了自己的历史使命，再背它也就没有任何意义了。

俞敏洪先生的《GRE词汇精选》人称“红宝书”，但是到底“宝”在何处，笔者认为除了其收录的单词极为经典之外，主要有以下两个极其“宝贵”之处：一是其中的记忆法，给一堆干巴巴的单词赋予了生命；另外的一“宝”就是其中的英文释义，原汁原味，并节省了读者自己翻字典的时间，对同学们提高对单词精确含义的把握能力有着极大好处。笔者建议同学们到了学习的后期一定要认真地看一看。但是如果一上来就看，反会弄巧成拙，由于看不懂，会极大地增加学习的负担，挫伤学习的热情，得不偿失。

问题十一：总是看到网上的“牛人”说每天背15个List，或“今天还有2000个词要背呢”，如此等等，真是羡慕死了我！

答：看到这个问题实在令笔者哭笑不得，因为很多的这些“牛人”就是笔者所教的班上使用笔者的背词法来背GRE单词的学生。按照笔者的背词法，从第8天到第14天，每天要背3个新的List，复习12个List，加在一起正好是15个

List；从第 15 天到第 17 天，每天除了要背 3 个新的 List 之外，复习的 List 增加到了 15 个，全部算在一起确实有 2000 多个单词。这些同学不负责任地到网上去夸耀，别人还以为 2000 个单词都是新背的呢。其实其中绝大多数的单词都是复习过很多遍的“旧词”了。

不过即使是复习过几遍的单词，一天看这么多，也确实是没有用过笔者的方法的人所难以想象的。其实这并不难。笔者在前面说过，人的记忆力是可以训练的，而训练的方法就是背单词本身。这些到网上去“吹嘘”的同学并不是什么天才，笔者也不是。只不过他们把笔者的方法坚持到了后期时，对单词的记忆能力已经有了大幅度提高，一天记它千八百个单词已经是家常便饭了。而且复习单词的强度其实并不是很高，尤其是复习了很多遍的单词，往往可以做到一眼一页，速度惊人。

笔者听到有的同学把笔者的方法戏称为“魔鬼训练法”，心中难免会有些不快；不过每当有人跑来对我说“你的背词法给了我信心”的时候，我还是很乐于当这个“魔鬼”的。我自己当初就是从这一条路上一步一步走过来的，同学们现在的心理状态，也是我当初的心理状态。我深深地知道，刚刚入门的同学是多么希望有一个能够帮助他们迅速解决词汇问题的方法啊！词汇问题不解决，什么伟大理想都谈不上。不过笔者的方法也只适用于那些肯下决心去吃苦，并且有条件能够集中拿出大量时间来背单词的同学。

问题十二：背单词总是坐不住，怎么办?

答：这个问题类似于第九个问题（背单词时老走神，咋办？），不过也有不同之处，那就是只有先能够坐下来，才可以谈到走不走神的问题，如果连坐都坐不住，那就根本谈不上背单词了。

与集中注意力的能力一样，坐下来的能力也是可以训练的。当初笔者学习 GRE 的时候，已经从事外贸工作多年，心早就野了，坐下来看书的极限是半个小时，超过了这个极限就开始抓耳挠腮，东张西望。在前面提到过的那一整夜的思考之后，笔者开始逼着自己坐住，书实在看不下去了就不看了，但是仍然坚持坐着。枯坐良久，甚觉无聊，感觉红宝书还有点意思，于是继续往下看；如是几天，发觉自己已经能够长时间地看书了，喜不自胜。

解决这个问题的另外的一个方法是：背单词坐不住，就站着背。不过前提是你在站起来以前已经坐了很长时间了。以同样的姿势、在同一个地点背单词的时间过长，确实容易使人疲劳，所以笔者有的时候坐累了就跑到操场上去背单词，也有的时候边走边拿个单词本来背，方法可以有很多。另外，背单词的时间可以分散开，每隔一两个小时可以适当地休息一下，换换脑子，回来背单词的效率会更高。但是中断太多也不好，容易分散注意力，需要坐住的时候就一定要能坐得住。

问题十三：单词忘光了，请问光背 GMAT 词汇能应付吗？要不要加 1~6 级词汇？

答：这个同学应该是个 GMAT 考生。如果你大学四、六级单词真的忘光了，那么你一定要把它们背下来。参见笔者对于问题一的回答。

问题十四：我怎么背完一个 List 就是极限了呢？

答：第一，你不敢背第二个 List，怕记不住。其实如果你真的去背，你对其中的单词的记忆程度是与你背第一个 List 差不多的。而且笔者说过，你的这个记忆极限是可以通过训练来提高的。**第二，**你的记忆标准可能太高，背一个 List 的时间花得太长。**第三，**可以短暂地休息一下，会有助于提高效率。

问题十五：背单词最后到什么程度就算是成功了？是不是那时就不用复习了？

答：不要认为仅仅把单词的中文释义背下来就行了，这只是你掌握单词的开始。**第一，**背下了中文并不能代表你真的掌握了这个单词的意思。对单词的意思的深刻了解，还需要你通过反复做题并研究其英文释义来不断体会。**第二，**背单词是为做题而服务的，你对某些单词虽然有印象，但是你反应出来的词义不见得准确，你的反应速度也不一定快，而这些问题都会影响你做题的效果。

笔者虽然搞出来一套快速背单词的方法，但是大家对此应该有一个清醒的认识：并不是说这个方法你能够坚持下来，17 天之后你就可以一劳永逸了。这个方法充其量只是把你引向一条成功之路，剩下的道路还需要你自己去摸索。尤其是在 15 天的复习周期之后，同学们一定要坚持每天复习三个 List，这样才不会使胜利成果付之东流。不到考试的那天，背单词是不能停止的。

第四章 各种背词法点评

曾经有初学者问笔者，到底多大单词量才够用。老实讲，没有完全“够用”的单词量。对于中国考生来讲，不管你有多大的单词量，在考试中都有可能出现生词。但是如果使用这种标准，那么我们的学习就失去了方向。新东方各类词汇书的最大优点，就是在对各种考试进行长期、系统、透彻研究的基础上，对考试中出现的词汇进行了卓有成效的统计和筛选，最终确定了一个效率很高的单词表。考生只要牢记这些单词，在考试中遇到生词的概率就会降低到一个微不足道的程度。以最著名的“红宝书”为例，自 1995 年面世到 1999 年的最后一次笔考为止，在十余次考试真题中，每次考试超出红宝书词汇的生词不超过 5 个。后来虽然 GRE 改为计算机考试，又出现了一些新的单词，但是红宝书也随之更新，超出该书的单词仍然很少。所以可以说，只要学习者把对应考试的词汇书搞定，就可以基本满足考试的要求。

新东方的 GRE、GMAT 和 TOEFL 词汇书的另一个显著优点就是其中的背词法。正是这些背词法赋予了单词生命，使得背单词脱离了机械记忆的泥潭，引发了背词者的兴趣，大大提高了背单词的效率，是大家在背单词时一定要充分利用的极其有效的记忆工具。笔者在此简略地介绍一下其中几种有代表性的记忆方法，希望能够对同学们有所启发。

一、词根词缀记忆法

很多同学虽然知道这种记忆法很好，但是一看那些大部头的讲词根词缀的书籍就害怕，一直也没有真正地、系统地加以研究。其实这些同学完全可以通过学习新东方的 GRE 或者 GMAT 词汇书中的记忆法，系统地学习到构词法的知识。而且，由于这些知识在词汇书里是一个词一个词地积累起来的，所以读者可以在不知不觉之间很容易地构建起自己关于词根和词缀的知识体系来。这样就可以大大提高自己背单词的效率，并且加深对每一个单词的记忆。

比如，-gamy 这个词根是表示“婚姻”的意思，exo- 这个词缀是词缀 ex- 的变体，是“向外”的意思，所以 exogamy 就是“与外族通婚”。只要知道词根 -gamy 和词缀 exo- 的意思，再见到这个单词的时候就可以非常轻松地认出它来了。然而本记忆法的优点不止于此，你可以用 -gamy 这个词根认出并记住另外的几个单词：endo- 这个词缀是 en- 的变体，表示“内部”，所以 endogamy 就是“同族通婚”的意思；mono- 这个词缀是“单一”的意思，所以 monogamy 就是“一夫一妻制”的意思；bi- 这个词缀是“两次、双”的意思，所以 bigamy 就是“重婚”的意思。

所以说，词根词缀记忆法的最大优点就是只要记住了一个单词，就可以为记住其他很多单词打好基础，迅速地扩大词汇量。继续刚才的例子，当你通过 -gamy 这个词根背下了 monogamy 和 bigamy 之后，你就又掌握了 mono- 和 bi- 这两个词缀的含义，就又可以扩充词汇量了，比如 monograph（专题论文），monopoly（专利权，垄断），monotonous（单调的，无聊的）；bilingual（双语的），bifurcate（分为两支），bilateral（双边的，双侧的），biennially（两年一次地）等等。从这个例子中可以看出，从背单词的效率上来讲，这种掌握词根、词缀的方法具有无与伦比的优势。

这种认识英语词根和词缀的能力除了在背单词时很重要以外，在真正的考试中也是一种非常关键的能力，因为在考试中经常会出现以种种构词法形成的生词。比如在 GMAT 考试中出现过一个单词 paleoclimatologist，如果不懂得构词法可能会把它当作生词，但是如果知道 paleo- 是"古代"的意思，climato- 是"气候"，-logist 是"某某学家"，该单词就十分简单，是"古气候学家"的意思。这样的例子不胜枚举，这同时也可以说明 ETS 是要求考生对构词法的基本知识有一定了解的。

二、联想记忆法

这是所有背词法中最有趣的一种记忆方法。笔者经常听到新东方的同学在安静的教室中背单词时突然发出一阵狂笑，通常都是被这种联想记忆法所感染，不能自持。结果是，往往一个很难背的单词，这样一笑之后，永生难忘。

举个例子，红宝书中有些字形很相近的单词，比较难以区分，容易在考试中造成错误，而红宝书中的记忆法却很好地解决了一些这样的问题。比如有两个单词，fragrant 和 flagrant，仅仅一个字母之差，意思却截然相反，前者是“芳香的”，而后者是“臭的”。作者提供了一个绝妙的区分这两个单词的方法：fragrant 当中有两个“r”，样子像两朵盛开的花，所以这个单词是芳香的意思；而 flagrant 的“l”像是某种施肥的工具，所以难免有些难闻的味道。这种背单词的方法真是很绝，即贴切又形象，在幽默中轻而易举地达到了记忆的目的，真不知作者是怎么想出来的。

另外，还有一些没有词根的单词，或者虽有词根但仍然难以记住的单词，新东方的单词书中采用了分割联想记忆法。所谓“分割联想记忆法”就是把一个单词分割成几个单词或者几个部分，并用联想的方法将其记住。如：charisma（领导人的超凡魅力）可以这样记：把 cha 看作 China，把 ris 看作 rise，把 ma 看作 Mao，连起来为 China rises Mao（中国升起了毛泽东）——超凡魅力。再如：adamant（坚定的）可看作两个单词的组合，adam（亚当）+ant（蚂蚁），亚当和蚂蚁分别代表坚定的人和动物。这样，“坚定的”一词就记住了。

从表象上来讲，这种联想记忆法似乎算不上科学，然而殊不知这种方法是现代记忆法极为推崇的，比如风靡欧美的“超级记忆力训练教程”就是建立在这种联想记忆的基础上。我们评价一种方法是否科学的唯一标准，应该是看它能否迅速、有效地解决问题，而不是看它是否冠冕堂皇。我们说过，在记忆时应该尽量避免机械记忆，因为这种记忆的效率是极其低下的。而高效的、有意义的记忆过程其实就是把被记忆材料与大脑中已知的信息联系在一起的过程，而且事实上，这种联系看上去越荒谬、越怪异，在大脑中留下的印象也就越深刻，记忆的效果也就越好，记忆维持的时间也就越长。

笔者当初背单词时也经常使用这种方法，收到了很好的效果。同学们背单词时不要把自己的思维局限于单词书中所给出的记忆法，最好能自己做一些有创造力的联想。比如笔者当初发现 ingenious（聪明的）和 ingenuous（天真的）这两个单词经常会在答题的时候搞混，于是就想出来一个记住它们的方法：两个单词的唯一差别，就是前者在第二个字母 n 后面是 i，而后者在第二个 n 后面是 u，所以这两个单词可以记为：我（I）是聪明的，你（u 与 you 是谐音）才天真呢。如此一来，这两个单词再也不可能搞混。再比如，aspen 是白杨树，你就可以把它分解为 as pen，像笔一样直，同时想象白杨树的笔直、挺拔的形象，就很容易记住。笔者听到过的一个十分有趣的例子，是有一个同学在背 abscond（潜逃）的时候，把它用中文的谐音说成是“我不死扛着”，一个潜逃者的嘴脸呼之欲出，十分传神。

三、典故记忆法

很多英文单词与中国的成语一样，是来自于某些典故的。对于这些单词，如果能够了解其背后的故事，对于记忆十分有好处。比如有一个单词 martinet“要求严格纪律的人”，来自于一个人名 Martinet。此公本是 17 世纪法国的一个军事教官，向来对属下约束甚严。一日于海边操练，命令部队向海边行进，但是忘了发停止的口令，结果士兵不敢自行停下，径直走入海中，全部葬身鱼腹，全军尽没。纪律之严，一至于斯！知道了这个令人震撼的故事，就很难忘掉这个单词了。再比如 maverick 意为“想法与众不同的人”，来自于一个叫 S. Maverick 的得克萨斯州的牧场主，此人特立独行，别人在各自饲养的牛身上烫烙印作为标记，他却不做任何标记。这样一来，凡是别人忘了打烙印的牛就全都变成了他的，他的牛群越来越壮大。此人想法与众不同，看似不通事务，实是工于心计，也给人以深刻印象。

除此之外，还有很多单词是来自于神话故事的。比如 tantalize（惹弄，逗引），来自希腊神话人物 Tantalus，因泄漏天机，被罚站立在齐下巴的水中，头上有果树。口渴欲饮时，水即流失；腹饥欲食时，果即被风吹去。新东方的词汇书中对这一类单词都做了说明，使大家一看到该单词即能过目不忘。

四、比较记忆法

单词记忆的一个很大的难点，就在于很多英文单词的形状或者含义极为相似，甚至有些词不论词形还是词义都很接近（比如前面举过的例子 tribulation 和 retribution），这些单词在记忆时很容易混在一起，而在答题时则更容易搞错。比如在 GRE 的词汇范围中有 babble，dabble，pebble，rabble，scrabble，scribble，grabble，scribble，bubble，rubble，cobbler，dribble，fribble，gabble，gaggle，gobble，hobble，nibble，quibble 等单词，在书中不同的位置和不同的时间点遇到，是比较难区分的。

解决这个问题的方法，就是像笔者一样，把这类单词专门地列在一起，一有空的时候就将它们反复地进行比较，这样就可以加强记忆，并且能够一次记住很多单词。既扫清了认错单词的隐患，又达到了背单词的目的，可谓一箭双雕。不过对于初学者而言，由于收录这些单词的工作量太大、耗时太多，所以学习者往往很难实施此方法。因此笔者在本书的附录中，把所有 GRE 词汇中需要比较记忆的单词列到了一起，并给出了简略的中文释义，以供学习者使用。

以上四种记忆方法，都可以在背单词的过程中减轻记忆的负担、提高记忆的效率、加强记忆的效果，是同学们在背单词时一定要充分利用的有效记忆工具。

但是笔者要强调的是，这些方法虽然各有不同，但是它们的运作原理却是完全相同的，那就是赋予单词以意义，把机械记忆转换为有意义的记忆，从而达到加深记忆的目的。因此，同学们除了从单词书上背单词之外，还一定要在每天的学习、生活中多多联想或者试图回忆这些单词，在做真题的时候对相近的单词加以比较，从而打下扎实的词汇基础。笔者当初之所以能在 17 天之内顺利地搞定 GRE 词汇，就是得益于此。那时，笔者不论看到什么、听到什么，都要去想一想有没有相应的 GRE 词汇，如果有，有几个，各有什么同义词和反义词，彼此间有什么微妙的差异。可以说，笔者那时整天满脑子都是 GRE 词汇，有的时候一想就是一大串单词。其实，这也就是为什么真正的词汇高手可以一下子背出一大堆同义词、反义词的原因。用这种方法，背单词的效率是很高的。

第五章　点评网友使用“17天背词法”心得

本书于2001年12月出版，即在网上被GRE考生们“大肆宣传”，尝试过本方法的同学如果说“数以万计”应该不算夸张。本章以网上同学们实际应用的现身说法，来说明使用本法的一些得失，想必比笔者本人空谈更有价值。本章引用的内容来自“寄托天下”“太傻”等学习网站的BBS，在此鸣谢各网站为同学们交流学习心得提供的平台，更感谢这些使用笔者方法的同学贡献出经验和智慧，并以自己的汗水和热情给后来者以指引。

心得一：

网友A： 17天背完GRE单词，有谁尝试过？

网友B： 原本是要尝试的，可惜没有那么多时间。杨鹏17天里每天会背10个小时，就不能干别的了，所以我用的是26天背词法。感觉还好，没什么难的。当我一天背120个单词的时候认为一天背300个是不可能的，现在自己成了这种人，发现也不过是这样。

点评： 1. 虽然回答问题的网友谦虚地说自己没有做到，但其实已经做得很好了。希望背2011版红宝书的读者也使用25天或者26天背单词的方法！

2. 我们对没有尝试过的事情会有很大的畏惧感，比如从来没有坐过过山车，就想象不出自己怎么能大头朝下地高速行进，等到坐过了才知道也不过如此。没有每天大量背过单词的同学可能认为每天背300个生词是狂想，真正试过了就知道自己潜力之巨大。

心得二：

老杨说的是1页5分钟，6页30分钟，1个List 1小时。这样3个List需要3小时。这是1999年的GRE词汇书。对于我的2005版却不是那么契合。

首先，1个单词看30秒是没有多大意义的。因为看的时间越长就越不像，这个老俞连他老婆的例子都举上了。而且，并不是每个单词都需要30秒的，除了个别复杂的长单词需要外，其他的只需10~20秒即可，时间放在上下相邻词形的比较上会更有效。以我的经验，学GRE的不会是零起点，所以1页至少有2~3个单词是认识的。所以我的想法是，每2页为一个最小单元，时间5分钟，2005年的词汇书是14页1个List，所以前8页一起复习，后6页一起复习。而真正背的时候需要的时间少得多，最多45分钟就可以做掉1个List。人的思想总是会出轨的，所以用3个小时背3个List，其实状况很容易就是最后1个List实在熬不下去了，思绪很离散，效率也大大下降。而按照45分钟，则能在你出现疲劳之前背完新词。往后，因为记忆力增强了，1个List其实30分钟就可以搞定了。

而老杨骇人听闻地说，第7天以后要背7个小时的单词，其实也并不其然。只有新词需要一次性用整块时间来做，复习基本可以化整为零。弄个小卡片随身带着，我有很多高中时的读书卡片用不光，这下好了！比如，吃饭时可以想想看看，吃饭的相反动作时也可以想想看看。再比如，看见美女了，脑子里可以把所有的美好的词过一遍，多节省时间啊！

所以其实背17天的GRE单词，一点都不可怕。大家做了就知道，不过尔尔。

点评：1. 这位网友明显属于笔者在前面说的那种基础好的同学，单词量本来就大，记忆力又特别好，而且还肯自己动脑筋来变通方法，形成了适合自己的一套学习方法。对于这种资质较好的同学而言，恐怕17天都太长了。但是基础不是很好的同学，决不可以走捷径，该做的工夫还是要做足。我们可以借鉴他灵活变通的思路，但是不要照搬别人的方法。

2. 值得注意的是，他每天背新单词的时间控制在3个45分钟之内，略小于2.5小时，能够保证注意力的集中。因此，针对2005版以及最新的2011版红宝书，每天2个List共2.5小时的方法应该说是恰当的。

心得三：

网友甲：各位师兄、师姐：小弟初次登门，这厢有礼了！明年六月参加GRE考试，正在背红宝书，各位老大有没有用杨鹏的方法17天搞定的啊？我现在就是像他说的，只看中文和记忆法，可是看一个List最起码两个多小时。现在是第7天了，可进度根本赶不上他说的，刚刚背到第15个，而且之前的看第二遍时一页上有时最多能记住2~7个。大哥说第15~17天每天要花8个小时，可我从周一到周五每天都是14个小时，昨天和今天偷偷懒，也要看10个小时，是不是我太笨了？请各位按他的方法背过的前辈给个建议，好吗？谢谢大家了！

网友乙：不是你笨，是杨前辈太牛了。如果说我们只是夏利车，杨前辈已经是神六了。所以不要着急。呵呵。我断断续续用了60天（中间有15天有事情）才搞定第一遍17天大法，对自己的记忆水平产生了严重的怀疑，这样才基本上对单词有了一个印象。第二遍17天大法是在考完作文后开始的，基本能达到“神六”的水平，但要17天全天坚持。真的很辛苦，这绝对是个体力活，加油吧！

网友丙：我背51个List用的是26天背词法，方法和17天的是一样的，只是把每天背3个新List改成了2个List，觉得效果很好！值得注意的是，一定要遵循记忆曲线规律背，不要偷懒！中期最痛苦，每天好像要背10个List的单词来着，挺过这段时间就好了。第一遍时是很慢的，不要着急，背到后来会好一点，加油吧！

网友丁：用杨鹏的背单词法背红宝书，我觉得思路是对的，但是对我来说17天是不可能的，最起码3个小时背3个

List，对我不可能。我们可以根据自己的情况来编排每天背单词的计划，30 天能背下来也很好了！

网友戊：鄙人最近也在背这本书，按照 17 天上的方法背，刚开始的时候感觉脑袋要爆炸了，过了 3 天左右就适应了，感觉应该还好，背单词就要拿出非人的毅力嘛！大家共勉！

点评：1. 与上一个例子相反，提问的网友甲属于基础一般的同学，背的又是 2005 版的红宝书，7 天背了 15 个 List 已经是很不错的成绩了。

2. 网友乙的尊称和夸奖笔者担当不起，感谢他的厚爱。需要指出的是，他第一次用 17 天的方法时中断了十几天，这是背单词的大忌，而第二次一鼓作气，所以能够成功。

3. 网友丙和丁根据自己的情况调整了背单词的计划，这是笔者一向赞成和鼓励的，岳飞有言："运用之妙，存乎一心。"只要吃透了背单词的规律，并能用坚定的决心和顽强的毅力坚持下去，不管期间用了多少天，都是巨大的成功！

心得四：

无论是否了解 GRE 这门考试，许多人对它的第一印象就是其令人敬畏的偏词、怪词、难词。甚至有人说许多单词是一辈子中只会在 GRE 中见到的，但是我觉得这个观点有失偏颇，虽然 GRE 的 8000 多单词中的确有诸如"幽闭恐惧症"，"抗组胺剂"这类也许你连中文意思都不太理解的单词，但是其中的大部分词汇都是从许多学术论文中精选出来的，如果你选择了 GRE 考试，那么就必须做好准备接受随之而来的学术生涯，也就少不了和这些较为晦涩、生僻的单词打交道。可以说红宝书内的 8000 词汇是你今后继续深造的必备工具。更为重要的是，这 8000 单词应该是在你的一生中遇到的最大的单词挑战，“杨鹏背单词”在我看来是一种比较合适或者说科学的背诵方法，它使我们了解到了背单词的本质——对抗遗忘，而解决的办法就是重复。17 天背单词是一个相对的时间概念，常有人问：17 天怎么背得完？你每天没有 10 小时耗在单词上怎么能够 17 天背完红宝书？接触过杨鹏《17 天搞定 GRE 单词》这本书的人，大部分都会为里面那种破釜沉舟的气魄所激励，所震撼，我也不例外。在粗略背过两遍红宝书后，我也采用了一遍 17 天背单词法，仍然觉得很辛苦，每天从起床一睁眼到晚上睡觉前，都在和单词打交道。17 天结束后，我觉得受益良多，自己不仅多了份耐心，少了些浮躁，而且从每天背 50 个单词突破到了 500 个以上，我想以后不论遇到什么样的单词挑战，我都能克服。

点评：言我所未能言，字字契合我心。

心得五：

报上了北京新东方，就把所有心思都放在背红宝书上。虽然每天也是很用功地去背，但是因为一直沿用了多年来的老办法，又读又写的，背得即便不是特别慢，可效果真的很差，而且还自己骗自己，不往前翻，不看已经背过的，这样自己心里也就没那么郁闷了。其实很早以前我姐就跟我说，背单词不在乎一天背多少，在于一天过多少遍，但是我根本没有理解这句话的含义。其实这跟杨鹏17天的核心原则是一样的，就是通过短时间内不停地翻去记忆单词，可这是我后来才体会到的。我就一直想着，赶快背完这一遍就用“杨鹏”来一遍，可这第一遍是越走越慢，等到开学第3周的时候才背到第28个List。在这期间，我第一次发信给了watermark师姐，问她怎么背单词，回答也是多翻，也说杨鹏那方法不妨一试。我那个周末翻完第30个List的时候，鼓起勇气看了看第一个List：My God! 怎么感觉没背过啊！信心和志气一下子备受打击，着实郁闷了好半天。当天晚上我就决定，不继续向下背了，从头开始，用那17天的方法执行，就从第4周开始。那似乎已经到了3月份。

从那开始的两个月，大概是我有生以来最用功的一段时间了，而且现在也完全找不回当时的毅力和勇气，老了，呵呵。杨鹏在那本小册子里说了，那17天里最关键的是坚持，再累也要坚持，他那个背单词的schedule必须严格的遵守，否则前功尽弃。我害怕再一次做无用功，所以真的就按他说的那滚雪球的方法背单词，第1天3个List，第2天3个新的3个旧的……每天早上6点起床，抓紧时间吃饭，7点之前去数学院开始背单词，如果专业课不是很难的话上课也就不听了，见缝插针地看两眼红宝书，下了课那10分钟在当时看来也是很宝贵的，因为10分钟怎么着也能看一页书。一眨眼就过了一周，按照杨鹏的方法，第8天是真正开始魔鬼赛程，新旧加起来要过 15 个 List，因为白天还要上课，背单词时间不是很多，等晚上 11 点从老图回到宿舍的时候还有 6 个旧的 List 没有过，不得已，因为害怕“前功尽弃”，怕影响宿舍里同学休息，只好搬个小板凳在我们楼层那个楼梯口就着楼道里的灯开始翻单词。原本以为很快就能看完，谁知道越背越困，等到背完的时候已经两点多了，不过还好，室友没有把门锁上。第二天奖励了自己一下，7:30 起床。可是一整天都在浑浑噩噩中过去了，困。到晚上已经困得不行了，也就有了第一次任务没有完成。Sigh！在那以后不得已，只好按照杨鹏方法的本质手动把那个 schedule 调整了一下。而且，这时候我发现，杨鹏那本书上所说的 17 天依照的是 1999 年版的红宝书，一个 List 大概是 120 个单词，而我背的是 2002 年版红宝书，一个 List 一百七八十个单词，这样他所要求的一天三个新 List 换成 2002 年版红宝书就应该是两个 List，而我第一个星期在不知情的情况下可以算是超额完成了任务，呵呵，特别开心，比拿了奖学金还开心，觉得自己完成了原来从来不敢想象的事情。可惜的是，有了第一次完成不了当天的任务就有了第二次，第三次，原本定好的 17 天不得不延长，如果能够 17 天完成，正好能避开物理的期中考试，结果就是因为没有按时完成预定时间表，不得不在背单词过程中抽出 3 天看物理，这 3 天没有背单词，等到考完物理再重新拾起单词时发现那个 schedule 完全乱套了，根本不能成系统了，很郁闷。但也不能从头开始了，就顺着向下背，记得好像是 P/S/T 打头的那一块，词又多又短，没有词根好找，很是痛苦，不过还好，总算坚持下来了。当我第一次翻过那本大大的单词书的第 670 页时，那份欣喜到现在我仍然记得清清楚楚。这时离开始使用“杨鹏方法”已经过去了 28 天，呵呵，不是 17 天，I have not accomplished a miracle，因为后来我把每天三个新 List 改成了两个。这 28 天对于我的意义远远不在于把红宝书滚雪球般过了一遍，而是让我清醒地明白了，一个人只要努力，全心全意毫无顾虑地去付出，总是会做成一些以前自己认为不可能的事情。从那以后，我就相信了 Everything is possible！只要愿意付出 hardworking，就能够 outstanding。

点评：看到这位同学的帖子时，我又一次被深深地感动了，仿佛又回到了穷困潦倒，在新东方住宿班寒冷的教室里枯背单词的那个深秋；更刹那间眼前浮现出千千万万中国青年为了追求人生理想而奋斗的忙碌身影。我们生活于一个伟大的时代，每一个愿意用自己的勤劳和智慧来换取光荣与梦想的奋斗者都一定可以如愿以偿。背单词虽然不可能是我们人生的全部，但是其中折射出来的坚韧和勇气，却是我们用来点燃人生火炬的不灭火种。在此，我再一次感谢所有新东方学员、感谢中国所有的 GRE 考生、感谢所有使用过“17 天”方法的人，并祝愿你们的人生像彩虹一样美丽，祝福你们的事业像朝阳一样壮丽、辉煌！

附录 混字表

虽然红宝书已将很多相近的单词放到了一起进行比较，但是由于单词书格式的限制，无法把易混词收录得很全。笔者在此把自己珍藏了很长时间的混字表贡献出来，希望读者们能够充分加以利用，为 GRE 考试打下坚实的词汇基础。

此混字表的最大的优点在于：这些单词不是笔者从词汇书中临时现编出来的，而是笔者在长期的学习过程中一个一个积累出来的，其中不但囊括了笔者在对红宝书进行的数十遍记忆中筛选出来的所有容易记混的单词，而且也包括了几乎所有在 GRE 考试真题中出现过的容易搞混的单词。这些单词也不局限于 GRE 的词汇部分，而是也包括了阅读、填空和逻辑考试中出现过的单词，所以有着很高的实战价值。笔者从第一天背单词开始，就对这些单词做了完整的记录，当时只要是想错了一个单词，就随手把混淆了的两个单词都记录下来，一直坚持到考试，历时共八个月，从未间断，收录了一共六百余组容易混淆的或词义相近的单词，共两千余词。

此词表极其适合 GRE 考生使用，尤其是对于那些复习到了一定程度的考生，再去背红宝书，不但感觉单调、没有新鲜感，而且效率也不高，无法发现自己仍然存在的问题。在同学们使用笔者的背词法完成了第一个背单词的大循环之后即可开始使用本词表，以强化对单词的记忆，可以起到背《逆序》的效果；在考试以前的一周内可以再次使用，以查漏补缺，消除复习中的盲点。对于那些背了很多遍单词却不马上考试的同学，本词表也可以作为一种对词汇掌握程度的测试，如果能够准确地区别其中 75% 以上的单词，则堪称词汇高手。

acclivity/declivity	*n.* 向上的陡坡 / *n.* 倾斜面，斜坡
acquisitive/inquisitive/disquisition	*a.* 贪婪的，物欲重的 / *a.* 好学的，好奇的 / *n.* 长篇演讲，专题论文
additive/addictive	*n.* 添加物，加法；*a.* 添加的 / *a.* 上瘾的
adept/apt/inapt/inept	*a.* 老练的，精通的 / *a.* 易于…的；聪明的；适当的 / *a.* 不适当的 / *a.* 无能的，不适当的
adherent/adhere	*n.* 党徒，支持者；*a.* 附着的 / *v.* 附着；坚持
adventurous/adventitious	*a.* 爱冒险的，危险的 / *a.* 偶然的；外来的
advisory/adversary	*a.* 劝告的，咨询的 / *n.* 敌人，对手
affable/effable/inaffable/ineffable/ineffaceable	*a.* 和蔼可亲的，易交谈的 / *a.* 可表达的 / *a.* 不和蔼的 / *a.* 妙不可言的；避讳的 / *a.* 抹不掉的，无法取消的

agony/agog	*n.* 极大的痛苦 / *a.* 兴奋的，有极大兴趣的
allergy/allegory	*n.* 过敏症 / *n.* 寓言
altitude/longitude/latitude	*n.* 高度，海拔 / *n.* 经度 / *n.* 纬度
amnesia/insomnia	*n.* 健忘症 / *n.* 失眠症
amorous/aromatic	*a.* 多情的，爱情的 / *a.* 芳香的
angel/angle/ankle	*n.* 天使 / *n.* 角度 / *n.* 踝，脚脖子
anonymous/antonym/anomalous/synonym/acronym	*a.* 匿名的 / *n.* 反义词 / *n.* 不规则的；反常的 / *n.* 同义词 / *n.* 首字母缩略词，简称
antecedence/precedence/precedent/	*n.* 居先，在先 / *n.* 优先，居先 / *n.* 先例，案例；*a.* 在先的，在前的
antique/unique	*n.* 古董，古物；*a.* 旧的，过时的 / *a.* 独特的
aphorism/sophism	*n.* 格言 / *n.* 诡辩
apiary/aviary	*n.* 蜂房，养蜂厂 / *n.* 大鸟笼，鸟舍
appreciable/creditable/credible/incredible	*a.* 明显的 / *a.* 值得称赞的；可信的 / *a.* 可信的 / *a.* 令人难以置信的
arduous/ardent	*a.* 费力的；辛勤的 / *a.* 热心的

arrant/errant	*a.* 完全的；极坏的 / *a.* 错误的，脱离正途的
ascent/accent/assent	*n.* 上升 / *n.* 重音，口音 / *n. v.* 赞成，同意
askew/eschew/skew/wry	*a. ad.* 歪斜的（地）/ *v.* 避开，戒绝 / *n. v.* 歪斜，扭曲；*a.* 歪斜的 / *a.* 扭曲的
asphyxia/anoxia	*n.* 窒息 / *n.* 缺氧症
aspiration/inspiration	*n.* 渴望，热望 / *n.* 灵感
asset/assess/assay	*n.* 资产 / *v.* 评估，评定 / *v.* 化验，分析
astigmatic/stigmatic/enigmatic	*a.* 散光的，乱视的 / *a.* 不名誉的，有污点的 / *a.* 谜一样的
attire/array	*v.* 穿着，装扮；*n.* 衣服 / vt. 部署；*n.* 陈列；大批
attenuate/extenuate	*v.* 变薄，变弱 / *v.* 掩饰（罪行），减轻
auction/audition	*n. v.* 拍卖 / *n.* 试听，试唱
aurora/flora/fauna	*n.* 极光 / *n.* 植物群 / *n.* 动物群
avert/averse	*v.* 转移；避免 / *a.* 厌恶的，反对的
awl/owl	*n.* 锥子，尖钻 / *n.* 猫头鹰

babble/dabble/pebble/rabble/scrabble/scribble/grabble/bubble/rubble/cobbler/dribble/gabble/gaggle/gobble/hobble/nibble/quibble	*v.* 胡言乱语，牙牙学语 / *v.* 涉足，浅赏 / *n.* 小鹅卵石 / *n.* 乌合之众 / *v.* 乱写；挣扎 / *v.* 乱写 / *v.* 夺取；爬 / *n.* 泡沫 / *n.* 碎石 / *n.* 补鞋匠 / *v.* 滴下 / *v.* 急促不清地说 / *n.* 鹅群 / *v.* 狼吞虎咽 / *v.* 蹒跚，跛行 / *v.* 一点点地咬，慢慢啃 / *n.* 诡辩，吹毛求疵
bacon/beacon	*n.* 熏猪肉 / *n.* 烽火，信号灯
badge/adage/budge/drudge/trudge/grudge/begrudge	*n.* 徽章 / *n.* 格言，古训 / *v.* 稍微移动；妥协 / *n. v.* 劳碌（的人）/ *v.* 跋涉 / *v.* 吝啬；怨恨 / *v.* 吝啬
baneful/baleful	*a.* 有害的，致祸的 / *a.* 邪恶的，恶意的
beard/bead	*n.* 胡须；*v.* 公开反对 / *n.* 珠子
benign/deign	*a.* 慈祥的；良性的 / *n.* 屈尊，赐予
benignity/benighted	*n.* 善行，仁慈 / *a.* 陷入黑暗的；愚昧的
berserk/skirmish	*a.* 疯狂的 / *n.* 小冲突，小争执
berth/birch/perch	*v.*（船）停泊 / *n.* 桦树 / *v.*（鸟）栖息；*n.* 鲈鱼

bestow/endow	*v.* 给予，赠予 / vt. 捐赠；赋予（才能）
blanch/bland	*v.* 漂白，发白 / *a.*（人）情绪平稳的；（食物）无味的
blare/glare/flare	*v.* 高声鸣叫 / *v.* 发出眩目光芒；怒视 / *n.* *v.* 闪光，闪耀
blatant/bloated/blotch	*a.* 喧哗的；无耻的；显眼的 / *a.* 肿胀的 / *n.* 斑点，（皮肤上的）红斑
bleacher/bleach/leach/breach/preach/impeach/peach	*n.* 露天看台；漂白剂 / *v.* 漂白 / *v.* 过滤 / *v.* 毁坏；违反 / *n.* *v.* 布道；说教 / *v.* 指责；弹劾 / *n.* 桃子；*v.* 告密
boisterous/cloister	*a.* 喧闹的；狂暴的 / *n.* 修道院
bolster/holster	*n.* 枕垫；*v.* 支持，鼓励 / *n.* 手枪皮套
bower/bowman /archer	*n.* 亭子 / *n.* 弓箭手 / *n.* 射手
bridle/bride	*n.* 马笼头；*v.* 抑制 / *n.* 新娘
brink/blink	*n.* 边缘，边沿 / *v.* 眨眼
buckle/bucket	*n.* 皮带扣环；*v.* 扣紧 / *n.* 桶
buggy/lullaby	*n.* 轻型马车；婴儿车 / *n.* 摇篮曲
bulge/bugle	*v.* 膨胀，上涨 / *n.* 喇叭，号角

bumble/fumble/humble	*v.* 说话含糊；弄糟 / *v.* 摸索，搜寻 / *a.* 卑微的，低声下气的；*v.* 使卑微
bypass/bygone	*n.* 旁路；*v.* 规避 / *a.* 过去的，昔日的
cabin/cabinet	*n.* 小屋，客舱 / *n.* 橱柜；内阁
calculating/shrewd/provident/measured/hardheaded	*a.* 深谋远虑的，精明的 / *a.* 判断敏捷的，精明的 / *a.* 深谋远虑的；节俭的 / *a.* 精确的; 慎重的 / *a.* 现实的，精明的
canary/granary	*n.* 金丝雀；女歌星 / *n.* 谷仓
canine/feline/bovine/swine/swan/aquiline/equitation	*a.*（似）犬的 / *a.* 猫科的 / *a.*（似）牛的；迟钝的 / *n.* 猪 / *n.* 天鹅；*v.* 闲逛 / *a.*（似）鹰的 / *n.* 骑马，骑术
canter/cater	*n. v.* 慢跑 / *v.* 提供食物；迎合
carnage/carrion/carnation/carnival/carnivore	*n.* 大屠杀 / *n.* 腐肉 / *n.* 康乃馨 / *n.* 狂欢节 / *n.* 食肉动物
cascade/escalate/ecstasy	*n.* 小瀑布 / *v.* 升级，扩大 / *n.* 狂喜，心神迷醉
cast/caste/castle	*n.* 演员阵容；*v.* 扔；铸造 / *n.* 社会等级 / *n.* 城堡

catalysis/cataclysm	*n.* 催化作用 / *n.* 剧变，灾难（常指大洪水或地震）
cavalry/revelry/reverie	*n.* 骑兵部队 / *n.* 狂欢 / *n.* 幻想，梦幻曲
cavern/craven/crave	*n.* 大洞穴 / *n.* 懦夫；*a.* 怯懦的 / *v.* 渴望；恳求
celibacy/celerity/celebrity/celibate/cerebrum	*n.* 独身 / *n.* 快速，敏捷 / *n.* 名声；名人 / *n.* 独身者；*a.* 独身的 / *n.* 大脑
censorious/censure	*a.* 吹毛求疵的，挑剔的 / *n. v.* 责难，非难
centrifugal/centripetal/centipede	*a.* 离心的 / *a.* 向心的 / *n.* 百足虫（蜈蚣）
cessation/cession/secession/concession/concision	*n.* 停止 / *n.* 割让，转让 / *n.* 脱离，分离 / *n.* 让步，认可；特许权 / *n.* 简明；切分
chase/chisel/chaste	*v.* 雕镂；追捕 / *n.* 凿子；*v.* 凿，刻 / *a.* 贞洁的，朴实的
cinder/cider/tinder/tined	*n.* 矿渣，余烬 / *n.* 苹果汁，苹果酒 / *n.* 火绒，火种 / *a.* 尖端的

clamorous/glamorous	*a.* 吵闹的，喧哗的 / *a.* 迷人的，富有魅力的
clement/relent/relentless	*a.* 仁慈的，温和的 / *v.* 动怜悯心；减弱 / *a.* 无情的
coffer/coffin	*n.* 保险箱 / *n.* 棺材
cognate/cognomen/congenital	*n.* 同词源的；同类的 / *n.* 姓 / *a.*（病等）先天的，天生的
coltish/doltish	*a.* 放荡不羁的，小马似的 / *a.* 愚笨的
commensurate/consummate	*a.* 同样大小的；相称的 / *a.* 完全的，完善的；*v.* 完成
commotion/foment/ferment	*n.* 骚乱，动乱 / *v.* 煽动，助长（坏事）/ *n. v.* 使发酵；骚动
complacent/complaisant/compliment/complement	*a.* 自满的，得意的 / *n.* 顺从的，讨好的 / *n.v.* 恭维，称赞 / *n. v.* 补充
concession/consensus	*n.* 让步，认可；特许权 / *n.* 一致；共识
conciliation/reconciliation	*n.* 安慰，安抚 / *n.* 和解；和谐

condiment/sediment/oddment	*n.* 调味品 / *n.* 沉积物 / *n.* 零头，碎屑
congeal/congenial/congenital	*v.* 凝结，凝固 / *a.* 意气相投的；宜人的 / *a.* 先天的，天生的
congregation/aggregation	*n.* 集合在一起的群众 / *n.* 集合，集合体
conjecture/conjure/injunction	*n. v.* 推测，臆测 / *v.* 变魔术，变戏法 / *n.* 命令，强制令
constrict/restrict/confine	*v.* 收缩，压缩 / *v.* 限制，约束 / *n.* 范围；*v.* 限制，禁闭
contentious/tendentious	*a.* 好争辩的；有争议的 / *a.* 有倾向性的，有偏见的
contiguity/congruity/incongruity/congruent	*n.* 临近，接壤 / *n.* 全等，一致 / *n.* 不一致 / *a.* 全等的
contumacy/contumely	*n.* 抗命，不服从 / *n.* 无理，傲慢
conversion/conversant/convulsion	*n.* 转变，皈依 / *a.* 精通的，熟知的 / *n.* 骚动；痉挛
convert/covert	*n.* 改变信仰的人；*v.* 使改变（信仰）/ *a.* 秘密的，隐秘的
convivial/vivid	*a.* 欢乐的，狂欢的 / *a.* 生动的，活泼的

convey/convoy/envoy/decoy	*v.* 运送，转移 / *v.* 护航，护送 / *n.* 外交使节 / *v.* 欺骗，引诱
corporate/incorporate	*a.* 合作的；公司的 / *v.* 合并，并入
covenant/provenience/genesis	*n.* 契约；*v.* 立书保证 / *n.* 来源，出处 / *n.* 创始，起源
covet/avid/avaricious	*v.* 贪求，妄想 / *a.* 渴望的，热心的 / *a.* 贪财的，贪婪的
crabbed/crag/craggy	*a.* 暴躁的 / *n.* 峭壁 / *a.* 多峭壁的
craven/craving/cavern/carve/crayon/canyon	*n.* 懦夫；*a.* 怯懦的 / *n.* 渴望，热望 / *n.* 大洞穴 / *v.* 雕刻，切 / *n.* 彩色粉笔或蜡笔 / *n.* 峡谷
cripple/ripple/nipple	*n.* 跛子；*v.* 使残废 / *n.* 涟漪 / *n.* 乳头
cuticle/cubicle	*n.* 表皮 / *n.* 小卧室
dawdle/doodle/doddle/twaddle/dwindle	*v.* 闲荡，虚度 / *v.* 乱写，乱画 / *n.* 轻而易举的事 / *n.* 胡说八道，瞎扯 / *v.* 变小
debate/debase	*n. v.* 争论，辩论 / *v.* 贬低，贬损
debris/hubris/hubbub	*n.* 废墟，残骸 / *n.* 过分自傲，目中无人 / *n.* 嘈杂，喧哗

declaim/disclaim/proclaim/reclaim/exclaim/acclaim	*v.* 高谈阔论 / *v.* 弃权；否认 / *v.* 宣布，声明 / *v.* 纠正；开垦 / *v.* 大声喊叫 / *v.* 欢呼；称赞
decompose/discompose/discomposed/composure	*v.*（使）腐烂 / *v.* 使失态，慌张 / *a.* 不安的，慌张的 / *n.* 镇定，沉着
decorate/decorous	*v.* 装饰 / *a.* 符合礼节的，得体的
decree/creed/discreet	*n.* 命令，法令；*v.* 颁布法令 / *n.* 信条，教义 / *a.* 小心的，谨慎的
deference/difference	*n.* 尊重；顺从 / *n.* 不同，差异
deify/deity/fetish	*v.* 奉为神，崇拜 / *n.* 神，神性 / *n.*（崇拜的）神物
deleterious/deteriorate	*a.* 有害的，有毒的 / *v.*（使）恶化
deluge/divulge	*n.* 大洪水；暴雨 / *v.* 泄露，透露
demarcate/decimate	*v.* 划分，划界 / *v.* 大批杀害
demography/dermatology	*n.* 人口统计，人口学 / *n.* 皮肤（病）学
demur/demure/demeanor	*v.* 表示异议，反对 / *a.* 严肃的，矜持的 / *n.* 举止，行为
deport/depose	*n.* 举止；*v.* 赶走，驱逐 / *v.* 免职，废黜

deposition/disposition	*n.* 免职；沉积；证言 / *n.* 处理；倾向；气质
descendant/ascendancy	*n.* 后代，后裔 / *n.* 统治权，支配力量
desecrate/execrate/execrable	*v.* 玷污，亵渎 / *v.* 憎恶，咒骂 / *a.* 极坏的
deter/defer	*v.* 威慑；阻止 / *v.* 推迟；听从
deteriorate/inferior	*v.* 使恶化 / *a.* 次等的，下等的；*n.* 次品
detonation/denotation	*n.* 爆炸 / *n.* 指示，表示
deviant/deviate/devious	*a.* 异常的 / *v.* 越轨，脱离 / *a.* 不正直的，弯曲的
devour/devote	*v.* 吞食，（一口气）读完 / *vt.* 投身于，献身
diatribe/tirade	*n.* 抨击；抨击性演说 / *n.* 长篇攻击性讲话
dictate/dictum/didactics	*v.* 听写；口述；命令 / *n.* 格言，声明 / *n.* 教学法
diffuse/suffuse	*v.* 散布；漫射 / *v.* （色彩等）弥漫，染遍

dilate/dilatory	*v.*（身体某部位）张大，扩大 / *a.* 慢吞吞的，磨蹭的
diploma/diplomat/diplomatic	*n.* 文凭，毕业证书 / *n.* 外交官 / *a.* 外交的；圆滑的
disaffected/unaffected	*a.*（政治上）不满的，叛离的 / *a.* 自然的，不矫揉造作的
disaffection/defection	*n.*（政治上）不满 / *n.* 脱党，变节
disarray/stray/astray	*n.* 混乱，漫无秩序 / *v.* 迷路，彷徨，流浪 / *a.* 迷路的，误入歧途的
disdain/abstain	*v.* 轻视，鄙视 / *v.* 戒绝，放弃
disingenuousness/ingeniousness	*n.* 不坦白，不真诚 / *n.* 聪明，天才
disparate/disparage	*a.* 迥然不同的,不可并论的 / *v.* 贬低，蔑视
disparity/impartial	*n.* 不同，差异 / *a.* 公平的，无私的
dispel/expel/gospel/impel/propel/repel/scalpel	*v.* 驱散，消除 / *v.* 排除，开除 / *n.* 教义，信条 / *v.* 推进，驱使 / *v.* 推进 / *v.* 击退；使反感 / *n.* 外科手术刀
disport/despot/deport	*v.* 玩耍，嬉戏 / *n.* 暴君 / *v.* 赶走，驱逐

dispute/disrepute	*v.* 争论 / *n.* 坏名声
dissimulate/disseminate	*v.* 隐藏，掩饰 / *v.* 散布，传播
divagate/variegated	*v.* 离题；漂泊 / *a.* 杂色的，斑驳的
dolt/adult/addle/idle/idol	*n.* 傻瓜 / *n.* 成年人；*a.* 成熟的 / *v.* 使腐坏，使混乱 / *a.* 懒惰的；*v.* 虚度 / *n.* 神像；偶像
dolt/colt/clot	*n.* 傻瓜 / *n.* 小雄驹 / *n.* 凝块；*v.* 凝结
doltish/doting	*a.* 愚笨的 / *a.* 溺爱的
dowdy/tawdry/frowzy	*a.* 不整洁的；过旧的 / *a.* 华而不实的；俗丽的 / *a.* 不整洁的，污秽的
dread/dreary	*n. v.* 惧怕，担心 / *a.* 沉闷的，乏味的
dual/duel/duet/fuel/feud	*a.* 双重的 / *n. v.* 决斗 / *n.* 二重唱 / *n.* 燃料；*v.* 添加燃料 / *n.* 宿怨；不合
ductile/dulcet/docile	*a.* 易拉长的；可塑的 / *a.* 美妙的 / *a.* 温顺的
dunce/dune	*n.* 笨人 / *n.* 沙丘
eclipse/ellipse/ellipsis/lapse/elapse/relapse	*n.* 蚀；名声衰落，失势 / *n.* 椭圆 / *n.* 省略（号）/ *n.* 失误；（时间等）流逝 / *v.*（光阴）消逝 / *n. v.* 旧病复发，再恶化

addle/coddle/cuddle/huddle/meddle/middle/muddle/paddle/twaddle	v. 使腐坏，使混乱；a. 腐坏的 / v. 娇生惯养，溺爱 / v. 搂抱，拥抱 / v. 挤成一堆；n. 一堆人（或杂物）/ v. 干涉，干预 / n. a. 中央（的）/ n. 混乱；迷惑 / n. 桨 / v. 胡说，瞎扯
effigy/statuette	n. 模拟像 / n. 小雕像
elaborate/deliberate	a. 精致的，复杂的；v. 详尽地说明；阐明 / a. 深思熟虑的，故意的；v. 慎重考虑
electorate/eclecticism	n. 选民 / n. 折衷主义
eligible/illegible/legible/ineligible	a. 适合被选的，合格的 / a. 难读的，难认的 / a. 可辨认的，易读的 / a. 没有资格的
elope/lope	v. 私奔，逃亡 / n. 轻快的步伐；v.（使）大步慢跑
elude/evade/elusive/evasive	v. 逃避；搞不清 / v. 逃避，规避 / a. 难懂的 / a. 逃避的
emerge/merge	v. 出现，露出 / v. 合并；淹没
eminence/preeminent	n. 卓越，杰出 / a. 出类拔萃的
emissary/emission	n. 密使，特使 / n. 发出，发光
emollient/emolument	n. 润肤剂 / n. 薪水，报酬

empyreal/empyrean	*a.* 天空的 / *n.* 天空，天神居处
emulsify/mollify	*v.* 使乳化 / *v.* 平息；安抚
enervate/venerate	*v.* 使虚弱，使无力 / *v.* 崇敬，敬仰
enmesh/mesh	*v.* 绊住，陷入网 / *n.* 网眼，罗网
enmity/amenity	*n.* 敌意，仇恨 / *n.* 礼仪；适意；娱乐设施
ensue/sue	*v.* 继起 / *v.* 控告，请愿
entail/enjoin	*v.* 使必须，使蒙受，使承担 / *v.* 命令，吩咐
entomology/etymology/ethnology	*n.* 昆虫学 / *n.* 语源学 / *n.* 人种学，人类文化学
entreat/entice	*v.* 恳求 / *v.* 怂恿，引诱
entrenched/trenchant	*v.* 挖壕沟；确立 / *a.* 一针见血的，精辟的
environ/environs	*v.* 包围，环绕，围住 / *n.* 郊外，郊区
epidemic/epidermis	*a.* 传染性的，流行性的 / *n.* 表皮，外皮
equivalence/equivocal/equivocate	*n.* 相等，等值 / *a.* 意义含糊的，不直率的 / *v.* 模棱两可地说；说谎

evacuate/excavate	*v.* 撤退，撤离 / *v.* 挖掘，开凿
evade/evasive/evasion/invade/invasive/invasion	*v.* 逃避，规避 / *a.* 逃避的 / *n.* 逃避，借口 / *v.* 侵略，侵袭 / *a.* 入侵的 / *n.* 入侵
excrete/execrate/secrete	*v.* 排泄，分泌 / *v.* 憎恶 / *v.* 隐匿，隐藏；分泌
excursion/excursive	*n.* 远足，游览 / *a.* 离题的；散漫的
executioner/executor	*n.* 刽子手 / *n.* 遗嘱执行人
exonerate/extraneous	*v.* 免除责任 / *a.* 外来的，无关的
expatiate/expatriate/expiate/expedite/expedient	*v.* 评述，详说 / *v.* 驱逐出国，脱离国籍 / *v.* 赎罪，补偿 / *v.* 使加速，促进 / *a.* 有利的
expeditious/propitious/precipitous/precipitate	*a.* 迅速的，敏捷的 / *a.* 吉利的，顺利的 / *a.* 陡峭的，仓促的 /*a.* 匆忙的，鲁莽的； *v.* 加速，促成
explicable/explicit	*a.* 可解释的 / *a.* 清楚明确的
exploration/exposition	*n.* 探索，研究 / *n.* 阐述；博览会
expostulate/extrapolate/interpolate	*v.* 抗议，告诫 / *v.* 预测，推测 / *v.* 插入（额外的事），窜改
exude/exodus	*v.* 使慢慢流出，四溢 / *n.* 大批离去，成群外出

facile/facade	*a.* 容易做的，肤浅的 / *n.*（建筑物的）正面，外表
factious/fractious	*a.* 有派性的，偏见的 / *a.*（脾气）易怒的，好争吵的
fag/sag	*v.* 苦干；*n.* 苦工 / *v.* 下陷，下垂，消沉
fallow/farrow/callow	*n.* 休闲地；*a.*（土地）休闲的；*v.* 使休闲 / *n.* 一窝小猪；*v.*（母猪）生产 / *a.* 未生羽毛的；未成熟的
fatuous/infatuation	*a.* 愚昧而不自知的 / *n.* 迷恋
felicitate/facilitate	*v.* 祝贺，庆祝 / *v.* 使容易，帮助
filet/fillet	*n.* 肉片，鱼片 / *n.* 束发带；鱼片，肉片
filth/defile	*n.* 肮脏，粗语 / *v.* 污染，弄脏；*n.* 山间小道
fissile/missile	*a.* 易分裂的 / *n.* 导弹
flaunt/vaunt/taunt/gaunt/jaunt	*v.* 炫耀，张扬 / *n.* 吹嘘，炫耀 / *v.* 嘲笑，讥笑 / *a.* 憔悴的，消瘦的 / *n. v.* 短程旅游
flinch/cringe	*v.* 畏缩，退缩 / *v.* 畏缩；奉承，谄媚

flinty/skin-flint	*a.* 极坚硬的 / *n.* 吝啬鬼
flout/clout	*v.* 蔑视，违抗 / *n.* 破布；敲打
fluorescent/florescent/effervescent	*a.* 荧光的，发光的 / *a.* 开花的，花盛开的 / *a.* 冒泡的，兴奋的
fodder/folder/fold	*n.* 草料 / *n.* 文件夹 / *n.* 羊栏，畜栏
forger/forager	*n.* 伪造者，打铁匠 / *n.* 为动物寻找饲料的人
fraction/fracture	*n.* 碎片 / *n.* 骨折，折断，裂口
fractious/fractional	*a.*（脾气）易怒的，好争吵的 / *a.* 微小的，极小的
frivolity/virility/vicious/viscous	*n.* 轻浮 / *n.* 雄劲，大丈夫气 / *a.* 残酷的，危险的 / *a.* 粘的
full-bodied/full-blown	*a.*（味道）浓郁而强烈的 / *a.* 盛开的，张满的，成熟的
functionary/perfunctory	*n.* 小官，低级公务员 / *a.* 草率的，敷衍的
furnish/burnish/furbish	*v.* 供应，提供 / *v.* 擦亮，磨光 / *v.* 磨光，刷新
furtive/fugitive	*a.* 偷偷的，秘密的 / *a.* 逃亡的；易逝的；*n.* 逃犯，逃亡者

gaffe/guffaw	*n.* 失言，失态 / *n. v.* 哄笑，大笑
gainsay/ungainly	*v.* 否认 / *a.* 笨拙的，不雅的
galleon/galley/viscous	*n.* 大型帆船 / *n.* 船上的厨房 / *n.* 走廊，戏院，画廊，图库
gamble/gambol	*v.* 赌博，投机 / *n. v.* 雀跃，嬉戏
garish/garnish/garner	*a.* 俗丽的，过于艳丽的 / *v.* 装饰 / *v.* 收藏，积累
gauze/gauge/gouge	*n.* 薄纱，纱布 / *n.* 标准规格，测量仪 / *n.* 半圆凿；*v.* 敲竹杠
gavel/gravel/grovel	*n.* 小木槌 / *n.* 碎石，沙砾 / *v.* 摇尾乞怜，卑躬屈膝
genial/congenial	*a.* 愉快的,脾气好的 / *a.* 意气相投的，宜人的
gestation/gustation/gesticulate	*n.* 怀孕，孕育时期 / *n.* 品尝，味觉 / *v.* 做手势表达
girdle/gridiron	*n.* 腰带，转绕物；*v.* 环绕 / *n.* 烤架；橄榄球场
gobble/hobble	*v.* 贪婪地吃 / *v.* 蹒跚，跛行
gratify/gratitude/ingrate/ingratiate	*v.* 使高兴，使满足 / *n.* 感谢的心情 / *n.* 忘恩负义的人 / *v.* 逢迎，讨好

gratuitous/fortuitous/gratitude	*a.* 无缘无故的 / *a.* 偶然的，意外的；幸运的 / *n.* 感谢的心情
gulp/gap/gulch	*v.* 吞食，咽下 / *n.* 缺口，裂口 / *n.* 深谷，峡谷
gust/gall	*n.* 阵风，一阵（情绪）/ *n.* 胆汁；怨恨
haggle/haggard/wrangle	*v.* 讨价还价 / *a.* 憔悴的，消瘦的 / *v.* 争论，激辩，吵架
harry/hairy	*v.* 掠夺，折磨 / *a.* 毛发的，多毛的
hassle/tassel/tussle/haggle	*n.* 激烈的辩论 / *n.* 流苏，穗 / *n. v.* 扭打，搏斗 / *v.* 讨价还价
haunt/hauteur	*v.* 常到；鬼魂出没；（事情）萦绕心头；*n.* 常去的地方 / *n.* 傲慢
herbivorous/herbaceous	*a.* 食草的 / *a.* 草本植物的
heresy/hearsay	*n.* 异端邪说 / *n.* 谣言，传闻
hermetic/hermit	*a.* 密封的 / *n.* 隐士，修道者
hew/dew/hue/hoe	*v.* 砍伐 / *n.* 露水；清晰 / *n.* 色彩，色泽 / *n.* 锄头
hiatus/hirsute/hoary	*n.* 空隙，裂缝 / *a.* 多毛的 / *a.*（头发）灰白的；古老的

histology/histrionics	*n.* 组织学 / *n.* 演戏，表演
homology/homeopathy	*n.* 相同；同族关系 / *n.* 顺势疗法
hovel/hover	*n.* 茅舍 / *v.* 翱翔，徘徊
humility/humiliation	*n.* 谦逊，谦恭 / *n.* 羞辱，蒙耻
hump/chump/chunk/hunk	*n.* 隆起，驼背；*v.* 隆起 / *n.* 大木片，大肉片，木人 / *n.* 短厚木头；大量 / *n.* 大块（食物）
husky/hulk/hulking	*a.* 声音沙哑的 / *n.* 废船; 笨重的人(或物）/ *a.* 笨重的
hypnosis/synopsis	*n.* 催眠状态 / *n.* 摘要，概要
illimitable/inimitable	*a.* 无限的,无边际的 / *a.* 无法仿效的，不可比拟的
illustration/illumination	*n.* 举例说明，图解 / *n.* 照明；古书上的图案；装饰
impart/impair	*v.* 给予，告知，传授 / *v.* 损害，使弱
impertinent/impenitent	*a.* 不适当的，粗鲁的 / *a.* 不悔悟的
imposture/posture/importune	*n.* 冒名顶替，欺骗 / *n.* 姿势，体态 / *a.* 不断要求的，急切的
imprecation/implication	*n.* 咒语，诅咒 / *n.* 牵连，暗示

imprudent/impudent	*a.* 轻率的，鲁莽的 / *a.* 鲁莽的，冒失的，无礼的
impunity/immunity	*n.* 免除惩罚 / *n.* 免疫；豁免
impute/imputation/impunity/immune/impugn	*v.* 归咎于 / *n.* 归咎，归罪 / *n.* 免除惩罚 / *a.* 免疫的，免除的 / *v.* 指责，对…表示怀疑
incur/incursion	*v.* 招惹 / *n.* 侵犯，入侵
indigenous/indignant/indigent	*a.* 土产的，本地的 / *a.* 愤慨的，愤愤不平的 / *a.* 贫穷的，贫困的
infantile/infantry/infinity/indefinite	*a.* 幼稚的，幼儿的 / *n.* 步兵 / *n.* 无限大 / *a.* 模糊的，不确定的
infuse/fuse/effuse/transfuse/suffuse	*v.* 灌输，使充满 / *n.* 保险丝 / *v.* 涌出，流出 / *v.* 输血；充满 / *v.* 弥漫，染遍
infusion/fusion	*n.* 灌输，激励 / *n.* 熔化，熔解
initiative/incentive	*n.* 主动，首创精神 / *n. a.* 刺激（的），鼓励（的）
injury/inquiry	*n.* 伤害，侮辱 / *n.* 质问，调查
insular/insulin	*a.* 岛屿的；心胸狭窄的 / *n.* 胰岛素
inter/disinter	*v.* 埋葬 / *v.* 挖出，掘出
interaction/counteraction	*n.* 相互作用 / *n.* 反对的行动，抵抗

intercept/intercede/ supersede/interdict	*v.* 中途拦截，截取 / *v.* 说好话，代求情 / *v.* 淘汰，取代 / *v.* 禁止
interment/intern	*n.* 埋葬，葬礼 / *v.* 拘禁，软禁；*n.* 实习医生
intermittent/remittent/ unremitting	*a.* 断断续续的，间歇的 / *a.* （病）间歇性的，忽好忽坏的 / *a.* 不懈的
inveterate/invertebrate	*a.* 积习已久的 / *n. a.* 无脊椎的(动物)
irrational/irritable	*a.* 无理性的,失去理性的 / *a.* 易怒的，易受刺激的
irreverent/irrelevant	*a.* 不尊敬的 / *a.* 不相关的
jaunt/jaunty	*n. v.* 短途旅游 / *a.* 愉快的，满足的
jolly/jolt	*a.* 快乐的，欢乐的 / *n. v.* 摇动，颠簸
jumble/gambol	*n. v.* 混杂 / *n. v.* 雀跃，嬉戏
kempt/skimpy	*a.* 整洁的 / *a.* 吝啬的，贫乏的
kennel/kernel	*n.* 狗舍，狗窝 / *n.* 核心，中心
knack/quack	*n.* 特殊能力，窍门 / *n.* 庸医，冒充内行之人；*a.* 骗子的
knell/kneel	*n.* 丧钟声；*v.* 鸣丧钟 / *v.* 跪下
lacerate/ulcerate	*v.* 撕裂，伤害 / *v.* 溃烂，生恶疮

lackadaisical/lackluster	*a.* 无精打采的，无兴趣的 / *a.* 无光泽的；呆滞的
larceny/laceration	*n.* 盗窃罪 / *n.* 裂口
latent/patent	*a.* 潜伏的 / *n.* 专利权；*a.* 专利的；显著的；新奇的
lateral/literal	*a.* 侧面的，旁边的 / *a.* 精确的；忠实原意的
legerdemain/prestidigitation	*n.* 手法，戏法 / *n.* 戏法，手法敏捷
legislate/legitimate	*v.* 制定法律 / *a.* 合法的
lesion/legion	*n.* 伤口，损害 / *n.* 兵团；一大群
libellous/liberal/licentious	*a.* 诽谤的 / *a.* 慷慨的；自由主义的 / *a.* 纵欲的，放肆的
limp/limpid/lucid/lucent	*v.* 跛行；*a.* 无力的，松软的 / *a.* 清澈的，透明的 / *a.* 清澈的，透明的 / *a.* 光亮的，透明的
liquidate/liquidize	*v.* 清算，清理 / *v.* 使液化
litigate/litigious/liturgy	*v.* 诉讼 / *a.* 好诉讼的 / *n.* 礼拜形式
lottery/littoral	*n.* 彩票，抽彩给奖法 / *a.* 海岸的；*n.* 海滨，沿海地区

lounger/lodger	*n.* 游手好闲之人 / *n.* 寄宿人，房客
luminous/luminary/numinous	*a.* 发光的，易懂的 / *n.* 杰出人物，名人 / *a.* 庄严的，神圣的
lustrous/illustrious	*a.* 有光泽的 / *a.* 著名的，显赫的
magnitude/multitude	*n.* 巨大；星球的光亮度 / *n.* 多数；大众，平民
malapropism/solecism	*n.* 字的误用 / *n.* 语法错误；失礼
malign/impugn	*v.* 诽谤，中伤；*a.* 邪恶的 / *v.* 指责，怀疑
mandate/mundane	*n.* 命令，指令；*v.* 批准 / *a.* 现世的，世俗的
maniacal/manacle	*a.* 发狂的，狂热的 / *n.* 手铐
mannequin/manikin	*n.* 服装模特儿，假人 / *n.* 侏儒；人体模型
marionette/martinet	*n.* 木偶 / *n.* 要求严格执行纪律的人
marital/martial	*a.* 婚姻的 / *a.* 军事的；好战的
maestro/virtuoso/maelstrom	*n.* 音乐大师 / *n.* 记忆精湛的人，大师 / *n.* 大漩涡；大混乱

menial/minion/venal/vernal/venial	*a.* 仆人的，乏味的；*n.* 家仆 / *n.* 奴才 / *a.* 唯利是图的，贪赃枉法的 / *a.* 春季(似)的 / *a.*(错误等)轻微的，可原谅的
meretricious/meritorious	*a.* 华而不实的，俗艳的 / *a.* 值得赞赏的
meticulous/assiduous	*a.* 细心的，注意细节的 / *a.* 勤勉的，刻苦的
minnow/winnow	*n.* 鲦鱼，小淡水鱼 / *v.* 把（谷物）的杂质吹掉，扬去
minuet/minutia	*n.* 小步舞 / *n.* 细节
misdemeanor/demeanor/demure/demur	*n.* 行为失检，品行不端 / *n.* 举止，行为 / *a.* 严肃的，矜持的 / *v.* 表示异议，反对
molt/moult/mold/mould	*n.* 脱毛，换毛 / *n. v.* 脱毛，换毛 / *n.* 模子；气质；*v.* 塑造 / *n.* 模子；气质；*v.* 塑造
momentary/momentous	*a.* 短暂的，瞬间的 / *a.* 极重要的，严重的
monetary/monastery	*a.* 货币的，金钱的 / *n.* 男修道院，僧院

monopoly/panoply	*n.* 专利权，垄断 / *n.* 全副穿戴，全副甲胄
morass/morose	*n.* 沼泽地，困境 / *a.* 脾气坏的，不高兴的
mordant/dormant	*a.* 讥讽的，尖酸的 / *a.* 冬眠的，静止的
mote/mite/mete/	*n.* 微粒，微尘 / *n.* 极小量；小虫 / *v.* 量，测量
muggy/sultry	*a.* （天气）闷热而潮湿的 / *a.* 闷热的；（人）风骚的
musk/mask	*n.* 麝香 / *n.* 假面具；*v.* 隐藏（感情）
mutilate/mutation/mutinous	*v.* 残害；切断 / *n.* 突变，变化 / *a.* 暴动，反抗的
natal/nasal	*a.* 出生的，诞生的 / *a.* 鼻的，有鼻音的
nautical/nocturnal	*a.* 船员的，航海的 / *a.* 夜晚的，夜间发生的
negate/renege	*v.* 取消；否认 / *v.* 背信，违约
nomination/denomination	*n.* 提名；指派 / *n.* 命名；（长度，货币的）单位

nondescript/nonentity	*a.* 没有特征的，平凡的 / *n.* 无能力之人，不重要
notwithstanding/nonetheless/nevertheless	*ad. prep. conj.* 虽然，尽管 / *ad.* 尽管如此，然而 / *ad. conj.* 虽然如此，然而
noxious/obnoxious/noisome/unwholesome	*a.* 有害的,有毒的 / *a.* 令人不愉快的，可憎的 / *a.* 发恶臭的；令人不快的 / *a.* 不健康的
nullity/null	*n.* 无效，无兴趣 / *a.* 无效的，无价值的；*n.* 零，空
numb/mute/dumb	*a.* 麻木的 / *n.* 弱音器；*a.* 沉默的 / *a.* 哑的，不说话的，无声音的
oblation/libation	*n.* 宗教的供品，祭品 / *n.* 奠酒，饮酒
obliterate/preliterate	*v.* 涂掉，擦掉 / *a.* 无文字记录的；文字出现以前的
obloquy/oblique/opaque/soliloquy	*n.* 大骂，叱责 / *a.* 歪斜的；间接的 / *a.* 不透明的，难懂的 / *n.* 自言自语，独白
obstreperous/preposterous	*a.* 吵闹的，难管束的 / *a.* 荒谬的

obviate/avert/averse/adverse/advert/animadvert	*v.* 排除（困难）/ *v.* 避免，避开 / *a.* 厌恶的，反对的 / *a.* 不利的，敌对的，相反的 / *v.* 注意，留意；*n.* 广告 / *v.* 批判，非难
oddments/condiment	*n.* 残余物，零头 / *n.* 调味品，作料
onus/onerous	*n.* 义务，罪责 / *a.* 繁重的，麻烦的
optimism/optimum/premium	*n.* 乐观主义 / *a.* 最好的，最有利的 / *n.* 保险费，奖金
orotund/rotund	*a.*（声音）洪亮的；说大话的 / *a.* 圆胖的
osmosis/oasis	*n.* 渗透；潜移默化 / *n.* 绿洲
paean/panacea	*n.* 赞美歌，颂歌 / *n.* 万能药
palatable/palatial	*a.* 美味的；愉快的 / *a.* 宫殿般的；宏伟的
paranoia/panorama	*n.* 偏执狂；多疑症 / *n.* 全景，概观
parky/perky/murky	*a.* 寒冷的 / *a.* 快活的，神气的 / *a.* 黑暗的，朦胧的
peart/pert	*a.* 有精神的，快活的 / *a.* 鲁莽的，大胆的，活跃的
pediatrics/obstetrics/podiatry	*n.* 小儿科 / *n.* 产科学 / *n.* 足病学

pending/impending	a. 即将发生的；未决的 / *a.* 即将发生的，逼近的
penurious/pecuniary	*a.* 贫困的，缺乏的；吝啬的 / *a.* 金钱的，金钱上的
peppery/piquant	*a.* 胡椒的，辛辣的 / *a.* 辛辣的，开胃的
perforate/percolate/colander	*v.* 打洞 / *v.* 过滤出；渗透 / *n.* 滤器，漏勺
perfunctory/functionary	*a.* 草率的，敷衍的 / *n.* 小官，低级公务员
peril/imperil	*n.* 危险 / *v.* 使处于危险中，危及
permeable/pervasive/perverse/pervious	*a.* 可浸透的 / *a.* 遍及，弥漫的 /*a.* 刚愎自用的，故意作对的 / *a.* 可通过的
pertinacious/pernicious	*a.* 顽固的 / *a.* 有害的，致命的
pervasive/persuasive	*a.* 遍及的，弥漫的 / *a.* 有说服力的
phantom/phenom	*n.* 鬼怪，幽灵，幻像 / *n.* 杰出人才
physiological/psychological	*a.* 生理的 / *a.* 心理的

pithy/pity/apathy/pathetic/apathetic	*a.* 简练的 / *n.* 遗憾，可惜；*v.* 同情，怜悯 / *n.* 缺乏感情或兴趣，冷漠 / *a.* 引起怜悯的，令人难过的 / *a.* 冷漠的，无动于衷的
podiatry/pediatrics/obstetrics	*n.* 足病科 / *n.* 小儿科 / *n.* 产科学
potentate/potent	*n.* 统治者，当权者 / *a.* 强有力的
precarious/prevaricate	*a.* 不牢靠的，不稳的，危险的 / *v.* 支吾其词，说谎
predicament/impedimenta	*n.* 困境，窘境 / *n.* 随身携带物，行李
premise/surmise/summon/sermon	*n. v.* 前提，假定 / *n. v.* 推测，猜测 / *v.* 召唤，召集，号召 / *n.* 说教，训诫，布道
prerogative/perquisite/prerequisite/interrogative/requisite	*n.* 特权 / *n.* 固定津贴，特权享有的东西 / *n.* 先决条件 / *a.* 疑问的 / *n.* 必需物；*a.* 必要的
presumption/presumptuous	*n.* 假定；冒昧 / *a.* 自大的，专横的，冒昧的
pretentious/contentious	*a.* 做作的；自抬身价的 / *a.* 好辩的，善争吵的
proclivity/acclivity	*n.* 倾向，气质 / *n.* 向上的斜坡

prodigal/prodigious	*n.* 挥霍者；*a.* 挥霍的 / *a.* 很大的，巨大的
proliferate/profligate	*v.* 繁殖，激增 / *n.* 挥霍者；*a.* 挥金如土的
propensity/progeny	*n.* 嗜好，习性 / *n.* 后代，子女
property/proper/propriety	*n.* 财产，所有权；属性 / *a.* 适当的，高尚的 / *n.* 礼节，适当
prorogation/propagation	*n.* 休会 / *n.* 增殖，繁殖
prosecutor/executioner/executor	*n.* 起诉人 / *n.* 刽子手 / *n.* 遗嘱执行人
prospective/perspective/perceptive/prosperous	*a.* 未来的，预期的 / *n.* 角度，方法，透视法 / *a.* 感觉敏锐的 / *a.* 繁荣富强的
protein/protean	*n.* 蛋白质 / *a.* 千变万化的，变化不定的
protrude/obtrude	*v.* 突出，伸出 / *v.* 突出，加强
prudery/prudent	*n.* 过分守礼，假正经 / *a.* 审慎的，精明的，节俭的
prurient/puerile	*a.* 好色的，淫乱的 / *a.* 孩子气的，天真的

puddle/riddle/saddle/ waddle/dawdle	*n.* 水坑，洼 / *n.* 谜，谜语 / *n.* （马）鞍 / *v.* （鸭子等）摇摇摆摆地走 / *v.* 闲荡，虚度
punch/puncture	*v.* 以拳猛击 / *v.* 刺穿，刺破
punctilious/ compunctious	*a.* 谨小慎微的 / *a.* 懊悔的，内疚的
putrefaction/purification	*n.* 腐坏，腐败 / *n.* 纯化，提纯
quack/quirk/shirk/smirk	*n.* 冒充内行之人；庸医 / *n.* 奇事；怪癖 / *v.* 逃避，规避 / *v.* 假笑，得意的笑
quaff/quash	*v.* 畅饮 / *v.* 取消，拒绝接受
querulous/garrulous	*a.* 抱怨的，多牢骚的 / *a.* 唠叨的，多话的
quiescent/quintessence	*a.* 静止的，不动的 / *n.* 典型，完美的榜样；精华
ragged/jagged	*a.* 破烂的,凹凸不平的 / *a.* 锯齿状的，不整齐的
rally/tally/totality/sully/ sullen/sultry	*n.* 召集，集会; *v.* 集会 / *v.*（使）一致，符合；*n.* 完全相似 / *n.* 全部，总数 / *v.* 玷污，污染 / *a.* 忧郁的，不高兴的 / *a.* 闷热的；（人）风骚的

rational/rationale/ratiocination	*a.* 理性的，合理的 / *n.* 基本原理，根据 / *n.* 推理；推论
ravel/rival	*v.* 纠缠，纠结；拆开，拆散 / *n.* 对手，竞争者
rebuke/refute	*v.* 指责，谴责 / *v.* 驳斥
rectitude/rectify	*n.* 诚实，正直 / *v.* 改正，调正；提纯
recede/recess	*v.* 后退；收回诺言 / *n.* 壁凹；休假
recuperate/vituperate/turpitude	*v.* 恢复（健康），复原 / *v.* 痛斥，辱骂 / *n.* 邪恶，卑鄙
redeem/reclaim/disclaim	*v.* 赎回；实践（诺言）/ *v.* 纠正；开垦 / *v.* 放弃权利；拒绝承认
regent/reagent	*n.* 摄政者 / *n.* 试剂
rehearsal/herald	*n.* 排演，排练 / *n.* 传令官；预示
rein/reign	*n.* 缰绳 / *v.* 控制
relinquish/replenish	*v.* 放弃，废除 / *v.* 补充，再装满
remission/remiss/remittance	*n.* 宽恕，赦免 / *a.* 疏忽的，不留心的 / *n.* 汇款
remittance/remittent	*n.* 汇款 / *a.*（病）间歇性的，忽好忽坏的

remittent/intermittent	*a.*（病）间歇性的，忽好忽坏的 / *a.* 断断续续的，间歇的
remorse/morose/morass/remiss	n. 懊悔，悔恨 / *a.* 脾气坏的，不高兴的 / *n.* 沼泽地，困境 / *a.* 疏忽的，不留心的
rent/rend	*n.* 裂缝，（意见）分歧 / *v.* 撕裂，猛拉
repellent/pestilent	*a.* 令人厌恶的 / *a.* 致死的，有害的
replace/displace	*v.* 取代，更换 / *v.* 替换，转移
repugnant/pugnacious	*a.* 令人厌恶的 / *a.* 好斗的
repugnant/repudiate/reprimand/reprobate/rebuke/revile	*a.* 令人厌恶的 / *v.* 拒绝，抛弃 / *n. v.* 训诫，谴责 / *v.* 谴责，指责；*a. n.* 堕落的（人）/ *v.* 指责，谴责 / *v.* 辱骂，恶言相向
rescript/prescript/conscript	*n.* 公告，法令；重抄 / *n.* 处方 / *v.* 征兵，征召
resumption/presumption	*n.* 重新开始 / *n.* 假定；冒昧
retribution/tribulation	*n.* 报应；罚 / *n.* 苦难，灾难
rind/rinse	*n.*（西瓜等的）外皮 / *v.* 以清水冲洗，漂洗

roost/rooster/roster	n. v. 鸟巢，栖息 / n. 公鸡 / n. 值班表，花名册
rouse/douse	v. 唤醒；鼓舞，激励 / v. 把…浸入水中；用水泼
rowdy/dowdy/dowry	a. 吵闹的，粗暴的 / a. 不整洁的，过旧的 / n. 嫁妆
rummage/rampage/ransack	v. 翻寻 / n. 暴怒；v. 狂暴地乱冲 / v. 到处搜索；掠夺
rustic/rust	a. 乡村的，乡土气的 / n. 锈；v. 生锈
sacrosanct/sanctimonious/sacrilegious	a. 神圣不可侵犯的 / a. 伪装虔诚的 / a. 亵渎神圣的
saddle/sidle	n. （马）鞍 / v. （偷偷地）侧身而行
sag/sap	v. 下陷，下垂 / n. 树液，活力
sallow/swallow/wallow	n. 黄华柳；a. 病黄色的 / n. 燕子，v. 吞咽 / v. （猪等）在泥水中打滚，沉溺于
sardonic/hedonistic	a. 讽刺的，嘲笑的 / a. 享乐的
saturnalia/saturnine	n. 纵情狂欢 / a. 忧郁的
scalp/sculpt/scrap	n. 头皮 / v. 雕刻 / n. 小片，碎屑

scared/sacred	*a.* 害怕的 / *a.* 神圣的
scarp/scalp	*n.* 悬崖 / *n.* 头皮
scarp/scrape/scrap	*n.* 悬崖 / *v.* 刮擦 / *n.* 小片，碎屑
scion/scorpion	*n.* 嫩芽；子孙 / *n.* 蝎子
scoff/spoof/reproof/reprove/disapprove/disproof	*n. v.* 嘲笑 / *v.* 揶揄 / *n.* 责备 / *v.* 责骂 / *v.* 不赞成 / *n.* 反证，反驳
scorch/scotch	*v.* 烧焦 / *v.* 镇压；粉碎
scramble/swarm/swamp/marsh/morass/marish/bog/moor/mire/quagmire	*v.* 攀登；争夺 / *n.* 一群；*v.* 攀爬 / *n.* 沼泽 / *n.* 沼泽地，湿地 / *n.* 沼泽地，困境 / *n.* 沼泽 / *n.* 泥沼；*v.* 使陷入泥沼 / *n.* 荒野；*v.* 停泊 / *n.* 泥沼，困境 / *n.* 沼泽地，困境
scrupulous/unscrupulous	*a.* 谨慎小心的 / *a.* 肆无忌惮的，无天理的
scuttle/scuffle/shuffle	*v.* 急赶，疾走；逃避 / *v.* 混战，打斗 / *v.* 拖步走；支吾；洗牌
sedate/sedition	*a.* 安静的 / *n.* 煽动叛乱，骚乱
sedative/seditious/sedulous/seductive	*n.* 镇静剂；*a.*（药物）镇静的 / *a.* 煽动性的 / *a.* 聚精会神 / *a.* 诱人的

seemly/seemingly	*a.* 好看的；适宜的 / *ad.* 表面上地，看上去地
seethe/sheathe	*v.* 沸腾 / *v.* 将（刀）插入鞘，覆盖
sensation/sensational/sensory	*n.* 知觉；轰动 / *a.* 耸人听闻的，轰动的 / *a.* 感觉的
sequantial/sequacious/obsequious	*a.* 连续的 / *a.* 盲从的 / *a.* 逢迎的，谄媚的
sequentially/sequaciously	*ad.* 继续地 / *ad.* 盲从地
sequestrate/sequester	*v.* 扣押，没收 / *v.*（使）隐退
sermon/summon	*n.* 训诫，布道 / *v.* 召集
serrated/serried	*a.* 呈锯齿状的 / *a.* 密集的
shallop/gallop/wallop	*n.* 轻舟，小舟 / *n. v.*（马）飞奔，疾驰 / *v.* 重击
shattered/tattered	*a.* 粉碎的；震惊的 / *a.* 衣衫褴褛的，破旧的
sheer/shear	*a.* 全然的，纯粹的 / *v.* 剪（羊毛）；剪发
shingle/spangle	*n.* 木瓦，屋顶板；木制的小招牌 / *n.*（缝在衣服上的）金属片

shuck/hulk	*n.*（植物的）壳，夹；无用之物 / *n.* 废船；笨重的人或物
silt/slit/sift	*n.* 淤泥 / *n.* 裂口，裂缝；*v.* 撕裂 / *v.* 筛；过滤
slab/slate	*n.* 厚板，厚块 / *n.* 石板，候选人名单；*v.* 提名
slant/slang	*n.* 斜面，看法；*v.* 倾斜 / *n.* 俚语
slick/lick/sleek/slink	*a.* 光滑的，熟练的 / *n.* 舔 / *v.*（使）光滑；*a.* 光滑的，整洁的 / *v.* 偷偷走动
slick/slack/slake	*a.* 光滑的，熟练的 / *n. a.* 松弛（的）/ *n.* 解渴，消渴
slimsy/slimy	*a.* 脆弱的 / *a.* 粘性的；泥泞的；讨厌的
snigger/niggard	*n. v.* 暗笑 / *n.* 吝啬鬼
solidarity/solitary	*n.* 团结 / *n.* 隐士；*a.* 孤独的
solitude/solicitude	*n.* 孤独 / *n.* 关怀
somnolent/solemn/insolent	*a.* 想睡的；催眠的 / *a.* 庄严的 / *a.* 粗野的，无礼的
spanking/sprinkling	*a.* 轻快的，敏捷的 / *n.* 点滴，少数

specious/preciosity	*a.* 似是而非的，华而不实的 / *n.* 过分研究，过分细心，挑剔
spendthrift /thrift	*n. a.* 挥金如土的（人）/ *n.* 节俭
spiny/spindly/spineless	*a.* 针状的，多刺的 / *a.* 细长的，纤弱的 / *a.* 没骨气的
spite/prate/spate/spat	*n.* 怨恨，恶意 / *v.* 瞎扯，胡说 / *n.* 大批，大量 / *n.* 口角，小争论
spout/sprout	*v.* 喷出 / *n.* 嫩芽；*v.* 长出，萌芽
sprawl/scrawl/scribble/crawl	*v.* 伸展手脚而卧，爬行 / *v.* 潦草地写，乱涂 / *v.* 乱写，乱涂 / *v.* 爬行
sprightly/splashy	*a.* 愉快的 / *a.* 大而显眼的，引人注目的
sprightly/sprinkling	*a.* 愉快的 / *n.* 点滴，少数
squash/ quash	*v.* 压碎 / *v.* 取消，拒绝接收
stalk/stake	*v.* 隐伏跟踪（猎物）/ *n.* 赌注，筹码
statuary/statutory/statute/statue/status/stature	*n.* 雕像，雕塑艺术 / *a.* 法定的 / *n.* 法规 / *n.* 雕像 / *n.* 身份 / *n.* 身高
stenograph/stethoscope	*n.* 速记 / *n.* 听诊器

stint/stink/slink	*v.* 吝惜，节省 / *n.* 臭味；*v.* 发臭 / *v.* 偷偷走动
stipple/staple/dapple	*v.* 点画，点描 / *n.* 主要产品；订书钉 / *n.* 斑纹
stolid/stoic	*a.* 无动于衷的，感情麻木的 / *n.* 坚忍克己之人
straiten/strained	*v.* 使穷困 / *a.* 不自然的；不友好的
striate/stripe/strait	*a.* 有条纹的 / *n.* 条纹，斑纹；类型 / *n.* 海峡；*a.* 狭窄的
strife/stifle/strive/contrive	*n.* 纷争，倾轧 / *v.* 使窒息 / *v.* 努力 / *v.* 计划，设计
stripe/strip	*n.* 条纹；类型 / *v.* 剥去
stuffy/fluffy/huffy	*a.*（空气）不新鲜的 / *a.* 有绒毛的；空洞的 / *a.* 愤怒的
subvention/subversion	*n.* 补助金，津贴 / *n.* 颠覆
succumb/subsume	*v.* 屈从；因…死亡 / *v.* 包含，包容
suffuse/suffice	*v.*（色彩等）弥漫，染遍 / *v.* 足够，满足
sully/surly	*v.* 玷污，污染 / *a.* 脾气暴躁的；阴沉的

supine/supple	a. 仰卧的；懒散的 / a. 伸屈自如的，灵活的
swelter/welter	v. 闷热 / v. 翻滚
swill/swell	v. 冲洗；痛饮 / v. 肿胀
syllabus/syllable/sibling	n. 教学纲要 / n. 音节 / n. 兄弟或姊妹
syncopate/synoptic	v. 词中省略，缩写 / a. 摘要的
tactic/tacit	n. 手段，战术 / a. 心照不宣的
taint/stain/tint/stint/stink	v. 玷污；败坏 / v. 玷污 / n. 色彩；v. 染色 / v. 吝惜，节省 / n. 臭味；v. 发臭
tamp/tamper/temp/tempt/temper	v. 捣实，砸实 / v. 损害，窜改 / n. 临时工 / v. 诱惑 / n. 脾气； v. 锤炼；缓和
tangible/tangential	a. 可触摸的 / a. 切线的；离题的
tantamount/paramount	a. 与…相等的 / a. 最重要的
tantamount/tantalize	a. 与…相等的 / v. 挑逗
tar/tart/tardy/retarded	n. 焦油 / a. 酸的；尖酸的 / a. 迟缓的 / a. 智力迟钝的
taut/tout	a. 拉紧的，绷紧的 / v. 招徕顾客；极力赞扬
tent/tend/rend/rent/tender/render	n. 帐篷 / v. 照料，管理 / v. 撕裂 / n. 裂缝 / v. 提出 / v. 使得，给予

tepid/trepid	*a.* 微温的 / *a.* 惊恐的
terrace/terrain	*n.* 一层梯田；阳台 / *n.* 地势，地形
thermostat/hemostat	*n.* 自动调温器 / *n.* 止血钳子
thrash/trash/stash	*v.* 鞭打 / *n.* 废物 / *v.* 隐藏
timbre/timber	*n.* （音乐）音色；品质，素质 / *n.* 木材
titillate/tantalize/titivate	*v.* 挠痒，使愉快 / *v.* 挑逗 / *v.* 打扮
tongs/fang	*n.* 夹子，钳子 / *n.* （毒蛇的）尖牙
trail/trial	*n.* 踪迹 / *n.* 试验
transition/transaction	*n.* 过渡时期，转变 / *n.* 办理，交易
transmogrify/transfigure	*v.* 变形，变得古怪 / *v.* 美观，改观
tumultuous/intumescent	*a.* 乱哄哄的，喧哗的 / *a.* 膨胀的
ubiquitous/iniquitous	*a.* 无所不在的，普通的 / *a.* 邪恶的，不公正的
unctuous/unction/undulate	*a.* 油腔滑调的 / *n.* 涂油 / *a. v.* 波动（的），起伏（的）
vaccine/vacillation	*n.* 疫苗 / *n.* 游移不定，踌躇
vapid/pavid	*a.* 索然无味的 / *a.* 害怕的，胆小的
vestige/prestige	*n.* 遗迹；残余 / *n.* 名声

veer/beef	*v.* 转向；改变（话题等）/ *n.* 牛肉
verse/verve	*n.* 诗歌 / *n.* 神韵；生机，活力
vigorous/valorous	*a.* 精力旺盛的 / *a.* 英勇的
vitalize/vitiate	*v.* 激发 / *v.* 削弱，损害
vortex/vertex/vexation	*n.* 漩涡，旋风 / *n.*（三角形等）顶角；顶点 / *n.* 困扰，苦恼
vulgar/rogue	*a.* 无教养的，下流的 / *n.* 无赖
waddle/twaddle	*v.*（鸭子等）摇摇摆摆地走 / *n. v.* 胡说八道，瞎扯
wane/whine/swine	*v.* 减少，衰微 / *v.* 哀号，号哭 / *n.* 猪
weary/dreary	*a.* 疲倦的，厌倦的 / *a.* 沉闷的，乏味的
whelm/whim	*v.* 压倒，淹没 / *n.* 多变，怪念头
wile/vile	*n.* 诡计，花言巧语 / *a.* 可恨的，可耻的
wrap/warp/waft	*v.* 包裹 / *n. v.* 翘起，弯曲 / *v.* 飘浮，飘荡
yolk/yoke	*n.* 蛋黄 / *n.* 牛轭；*v.* 控制，束缚

后记 学习之道

各位亲爱的读者，1999年那个秋天我在新东方GRE住宿基地里面用17天基本背下来那6400多单词的时候，我没有想到自己后来会在新东方的GRE课堂上讲授这个方法，也没有想到后来会把此法成书卖掉20多万册，更没有想到自己在新东方一干就是14年，尤其没有想到这个方法后来又被我用来背《道德经》、学习开车、坚持冥想，并戒掉了20年的烟瘾。我的人生好似从那个时间原点延伸出来的一条射线，这个小小的背单词的方法完全改变了我行走于世间的轨迹。试想当时如不是一怒之下给自己定下了17天背完GRE单词的任务，后来就不能攻克GRE考试，我和新东方就不可能结缘，也就不可能走到现在这个点。而且如果不是从这个方法中悟出学习的真谛，我的技能和心态也肯定无法和现在同日而语。

那么什么是学习的真谛呢？我以为除了个人的资质差别以外，从技术上来讲就是两个要点，一是接触知识的频率，二是每次接触知识的时间。怎么控制学习的速度呢？想学得快、毅力和体力都好的学习者可以大量多次；想学得轻松、学得扎实、没有时间压力的学习者可以少量多次；而妄想通过大量一次来掌握知识或者技能的学习者，大多不得要领，结果是三分钟热度，最后落得竹篮打水的效果。这是自从我在传授 17 天背单词法之后，多年以来领悟的并亲身实践的学习要诀。

具体的道理是这样的：读过本书的朋友都知道 17 天背单词法最核心的理念是，不要在第一遍背单词的时候花太多时间，关键是严格地按照复习计划的时间点进行多次的复习。比如 2004 年我在上海新东方做老师的时候，由于个人兴趣计划把全本《道德经》背下来，就利用暑假的两个月当中每天赶地铁的时间，背下了全部 81 章共 5200 多字的《道德经》。顺便说一句，背诵能力其实是学习能力的一个重要方面，很多不理解的语言和文章一旦学到能够反复背诵的程度，自然就理解了。所以现在有朋友聊起《道德经》晦涩难懂的时候，我能够为他粗浅地解释一二，全赖当时通本背诵的功夫，所以能把道经和德经前后对照、原文引用，站在通篇的高度来理解。**帕斯卡有句名言：记忆是一切脑力活动之必需。**此语真是金玉良言！年轻的朋友们趁着头脑还能够训练，多背诵些经典之作，一方面把头脑武装起来，另一方面也能练就出色的背功，工作生活均能事半功倍。古人虽说“人过三十不学艺”，但身处知识爆炸的今天，四五十岁还要学东西，没有好的记忆力是很痛苦的。笔者一向相信记忆力可以通过训练来提高，所以时至今日，也还会抽时间背些好的词句。

具体背诵《道德经》的方法几乎与 17 天搞定 GRE 单词的方法如出一辙：每天赶去教学区讲课的路上背下来两章（每章平均 65 字）的内容，每天回去的路上复习这两章。每 5 天复习 10 章的内容；以此类推，除了最后一天背 3 章以外每天背两章需要 40 天，40 天以后开始复习，花 8 天时间每天复习 10 章，然后花 4 天时间每天复习 20 章，再花 2 天时间每天复习 40 章，最后一天给别人表演一次背下 81 章的绝技，一口气背了一个多小时，听众中愣是有人睡着了，自己的成就感不是挺强的。这样算来，一共花了 55 天，每天不超过两小时，就把《道德经》背下来了。当然后来还要每隔半年复习一遍，不然也还会慢慢地遗忘。（如果有朋友看到这段文字也想背一背，我有责任提醒你的是，《道德经》虽博大精深，但仍属于古代农业社会产生的哲学作品，在现代商业文明和信息社会中，还要中西兼通为好，推荐阅读斯塔夫里阿诺斯的《全球通史》与之互补。）

再比如 2007 年我和朋友一起去学开车，差不多同时拿到的驾照，3 年后朋友基本不会开了，而我已经开了 4 万公里，其中的差别就是我知道一定要在关键的时间点去复习，所以每周要找陪练上街开上两次，一个月后就到处开着车跑了。而朋友在驾校开得比我好，到了路上见车多人多不敢实践，终于最后差不多要从头学起。现在朋友开得不错，契机是家里的孩子上了初中，离家较远，不得不开车接送，逼得朋友一个月就学会了开车。

以上两个例子都是通过少量多次的方法循序渐进。**所以高效率的学习不难，难的是懂得正确的复习的时间点和复习的频率对学习效果的影响，更难的是能够在实践中有毅力准确地来实施这些复习，以保证学习的效果。**一旦学习者掌握了这个技巧，培养出了及时复习这样良好的学习习惯，可以说没有什么知识或者技能是学不会的（当然除了特别需要天赋的技能以外）。

需要注意的是学习者用这个规律来掌握知识或者技能的时候，一定要注意自己本身的情况，从而合理安排学习和复习的强度，不可过于逞强，否则不但不能收到好的效果，还有可能适得其反。佛经里有一个故事很经典。佛的弟子当中有一个小和尚刚出家不久，夜读佛经的时候，又累又困，读经的声音带着哭腔，佛一听就知道他用功用得太过头了，就把他叫过来问："你出家之前是从事什么工作的？"小和尚说："弹琴的。"佛问："琴弦太松的话会怎么样？"答曰："会没有乐声。"佛问："琴弦太紧的话会怎么样？"答曰："会断掉。"佛问："琴弦不松不紧的话会怎么样？"答曰："那样每个音的声音都会很悦耳。"佛说："你们学道也是这样的。如果学习的节奏掌握得好，学习效率就高；用功太过头，身体就会吃不消；身体痛苦就会影响心情，心烦意乱就会打退堂鼓，半途而废就会前功尽弃。因此学习的时候也要适当休息，保持良好的节奏和心态，坚持不懈，最终一定可以功德圆满。"所以笔者特别强调，**"大量一次"的学习方法一定是行不通的；如果读者的体力和毅力都不错，则可以用笔者的 17 天背单词的方法，相当于"大量多次"的学习方法，是可行的；不过笔者的书中也特别强调了读者如果时间或者体力跟不上，可以自己根据时间和体力的情况重新设计背单词计划，太过疲劳的情况下可以重新调整表格，降低强度，不要造成半途而废的结果。**

其实好的习惯养成，往往需要一个渐进的过程。古人说过“从善如登，从恶如崩”，意思是改进的过程要慢慢来，就像登山那样一步一个脚印，一步登天的事儿违反物理学；反过来要学坏太容易了，一放纵起来就像山崩那样，以自由落体的速度不用多少秒就摔个粉身碎骨。所以笔者这里还有一个特别想和读者们分享的经验，就是将这里讲的学习要诀反过来用，也可以被用以克服恶习。正像接触的时间长、频率高可以获取一种知识或者技能一样，只要逐渐减少恶习的频率和强度，使恶习不能连续，恶习也可以慢慢减弱，进而消失。比如笔者之前抽了 20 年的烟，也戒了 20 年的烟，每次都想一下子戒掉，结果没有一次能够成功的。2008 年底，我开始从每天一包减少到半包，进而每天 5 支，进而 3 支，进而 1 支，进而忍住一周没抽，之后忍不住又抽了 1 支，请读者思考，这是不是说戒烟就失败了呢？

懂得我的学习法的读者请注意，这里需要一个特别关键的思维方式：一周之后没忍住，抽了一支烟，不是戒烟的失败，因为一周只抽了一支烟实际上是戒烟的成功！不应该悔恨，应该庆祝才对，因为这说明距离恶习又远了一步，下一步只要能够坚持一周以上的时间不抽烟就好了，为什么要宣告戒烟失败呢？人生充满了不确定性，千万不要去追求那些完美的成功，因为完美的成功其实是这个星球上不存在的东西。人性也充满了各种脆弱的部分，千万不要专注于自己的种种错误，而要认清只要自己在进步，哪怕是微不足道的进步，只要自己敢于去肯定这种进步，踏实行去，从善如登，就一定可以积小胜为大胜，最终获取巨大的成功。其实对于一个一周只抽一支烟的人，我们为什么不认为他就是不抽烟的人呢？要戒除恶习的人，希望你能够了解，努力地拉长恶习的间隔，然后及时地肯定自己是多么重要！**如果偶尔又犯错了，你要告诉自己这次不算**！因为你已经有了进步，错误小了或者少了，其实就是阶段性的成功！

说了这么多，其实还是说不尽学习的种种正面和反面的道理，好在我相信读者们高超的智慧，应该已经可以领悟我想说的了。人生的岁月有限，宇宙间的智慧无穷，学习是我们唯一善待自己、同时也善待这个世界的路途，希望本书的读者们都能走好这条路，事业成功，生活幸福，智慧如海！

杨鹏

2013 年 6 月 29 日